튜닝 Basic
Tuning 베이직

이광재 지음

삶의 변화에 초점을 맞춘 **맞춤형 제자훈련 교재**
새가족 성경공부, 알파 코스, 일대일 성경공부의 **후속프로그램**

나침반

여는글 　튜닝베이직

　2002년 12월, 미국유학길에 만난 첫 수업 시간, 교수님이 목회철학에 대해 강의를 하시면서 다음 시간까지 자신의 목회철학을 준비해서 발표를 하라는 미션을 주셨습니다. 그때까지만 해도 분명한 목회철학을 가지고 목회하시는 목사님을 본 적도 없었고, 신학교시절 유행처럼 지나가는 여러 가지 목회형태에 대해 공부한 적은 있지만 내가 꿈꾸고 내가 앞으로 하고 싶은 목회에 대해서는 구체적으로 생각을 해 본 적이 없었습니다.

　영어로 공부해야 하는 수업도 스트레스였지만 정말 내가 앞으로 어떤 목회철학을 가지고 목회해야 하는가는 제 인생에 다가온 중요한 도전이었습니다. 그러다 한국에서 가져온 기타를 집어 들었습니다. 아직 이사짐에서 풀지 못해 포장된 채로 있던 기타였습니다.

　한국에서 늘 사용하던 기타였고 줄도 잘 맞추어진 상태로 이사 짐에 포장을 했습니다. 그런데 그 기타를 잡고 연주를 하기 시작하는 순간 여섯 줄 모두가 전혀 튜닝이 되지 않았다는 사실을 알게 되었습니다. 그리고 튜닝기로 한 줄 한 줄 줄을 튜닝해 나가면서 갑자기 뭔가 번쩍하면서 제 머리를 스치고 지나갔습니다. 그것은 바로 〈튜닝〉이라는 두 글자였습니다.

　세상의 모든 악기들은 연주하기 전에 반드시 튜닝을 해야 합니다. 왜냐하면 가만히 놔두어도 온도나 습도에 따라 줄이 느슨해지고, 부딪치거나, 누군가의 의도적인 손길에 의해 본래의 음을 잃어버릴 수 있기 때문입니다.

마찬가지로 믿음의 길을 걸어가고 있는 우리 모두도 튜닝이 필요합니다.

1) 예수를 믿고 구원의 감격을 얻게 되지만 세월과 환경의 영향으로 우리의 열정과 영적인 집중력이 사라져 버리기 때문입니다.

2) 또한 세상 속에 살다보면 자의든 타의든 상처를 주고받게 되는데 그때 우리의 자아가 깨어지고 부서져 하나님의 형상을 잃어버리게 됩니다.

3) 때로는 하나님이 우리에게 축복으로 주신 여러 가지 번영과 풍부함때문에 영적인 초점을 잃어버리고 태만하고 안일하게 살아갑니다.

4) 마지막으로, 영적인 도전과 유혹으로 인해 하나님의 뜻과 목적을 잃어버리고 주변의 상황과 여건에 맞추어 대충 살다보면 점점 본래의 음을 잃어버리게 됩니다.

이러한 우리의 모습은 누구도 부정할 수 없는 모습입니다. 물론 이러한 우리의 모습이 튜닝 되지 않고도 살아가는 데 아무런 문제가 없다고 생각할 수 있습니다. 그러나 튜닝되지 않으면 다음과 같은 문제들이 발생합니다.

1) 연주불가: 그냥 보기에는 좋은 기타처럼 보일지 모르지만 연주할 수 없습니다. 아무리 좋은 연주자라도 튜닝 되지 않은 악기를 가지고는 연주할 수 없습니다.

2) 목적상실: 악기는 연주하기 위해 만들어졌는데 악기가 제대로 연주되지 못한다면 그 악기는 악기로서의 목적을 상실하게 됩니다. 그것은 결국 사람들의 시선에서 멀어지게 되고 결국은 버려지게 됩니다.

3) 협연불가: 튜닝 되지 않은 악기는 절대 다른 악기들과 함께 연주될 수 없습니다. 왜냐하면 음이 다르기 때문입니다. 물론 자기 혼자 독주는 가능할지 몰라도 다른 악기들과 협연은 불가능합니다.

4) 소음발생: 만약 튜닝 되지 않은 채로 연주한다면 그것은 듣는 사람들에게 불쾌감과 시끄러운 노이즈(noise)를 발생하게 될 것입니다.

그러므로 하나님의 목적을 위해 이 땅 위에서 창조된 우리 모두는 반드시 튜닝 되어야 합니다. 그래야 하나님의 뜻에 따라 살아갈 수 있게 되고 하나님의 손에 잡혀 아름답게 연주될 수 있습니다.

만약 우리가 튜닝되어진다면 우리는 다음과 같은 유익들을 얻을 수 있습니다.

1) 다른 줄들을 튜닝할 수 있습니다.

사도바울은 로마서11장1절에서 "내가 그리스도를 본받는 자 된 것 같이 너희는 나를 본받는 자 되라"고 말씀했습니다. 바울이 그리스도를 통해 자신을 튜닝한 목적은 자신을 통해 다른 사람들을 튜닝하기 위함이었습니다. 마치 기타의 6번줄을 통해 5번줄은 튜닝하고, 5번줄을 통해 그 아래 줄을 튜닝하듯이 튜닝된 사람이 다른 사람들을 튜닝하는것이 성경적인 튜닝의 원리입니다.

2) 하나님의 손에 의해 아름답게 연주될 수 있습니다.

튜닝의 목적은 연주되기 위함입니다. 우리 인생이 튜닝 되어야 할 이유는 하나님의 손에 의해 아름답게 연주되기 위함입니다. 내가 연주하려고 할 때는 세상적인 노이즈(noise)가 나지만 하나님의 손에 붙잡혀서 연주될 때 우리는 우리 속에 숨어있는 진정한 소리를 찾을 수 있고 진정한 행복과 기쁨을 누군가에게 전해줄 수 있습니다.

튜닝 베이직의 특징

1) 새가족 성경공부, 알파 코스, 일대일 제자훈련 이후에 실시할 수 있는 후속 양육 프로그램

일대일과 같은 교재들이 기본적인 교리에 집중했다면 이 책은 철저하게 삶의 변화, 그리스도를 닮아가는 성품, 그리고 성도들의 영적 성숙함을 위해 만들어진 교재입니다.

지금까지 한국교회는 열심히 제자훈련과 성경공부를 실시했지만 한계를 벗어나지 못했고, 후속프램의 부재로 지속적인 훈련에 문제를 드러내었습니다. 튜닝 베이직은 이러한 교회의 필요에 따라 만들어진 교재입니다.

2) 체계적이고 알찬 내용의 원스톱교육

이 교재는 가르치는 리더의 능력에 따라 교육의 질이 달라지지 않도록 주제에 대한 깊은 묵상과 적절한 예화, 읽을거리와 본문말씀에 대한 탁월한 분석, 질문에 대한 날카롭고 풍성한 해석들을 덧붙였습니다. 그래서 가르치는 리더들이 내용을 채우기 위해 다른 검증되지 않은 자료들을 가져올 필요도 없고 따로 인도자 교재를 구입할 필요도 없습니다. 각 항목에 대한 해답마저 이 교재 안에 담아두었기에 원스톱교육이 가능합니다.

3) 직접적인 삶의 변화를 위한 강력한 임팩트

이 교재의 목적은 성도들의 〈삶의 변화〉입니다. 예수님을 닮아가는 온전한 사람을 만들어가는 것입니다. 이 교재가 단순한 성경공부와 차이가 나는 것은 각 과의 주제가 삶의 변화와 직접적인 관련이 있을 뿐 아니라 각 과정마다 주어지는 과제를 수행하는 과정 가운데 삶에 강력한 임팩트를 가져올 수 있습니다.

4) 셀프 튜닝 과정을 통한 하나님 형상으로 새로워지기

이 교재는 특별히 벤자민 플랭클린이 자신의 습관을 바꾸기 위해 매일 실시했던 13가지 항목을 통해 일상생활 속의 자신의 모습을 매일 점수로 확인할 수 있습니다. 그리고 셀프 튜닝 과정을 통해 우리의 삶에 익숙한 죄의 습관들, 영적인 문제들, 그리고 생활의 문제들을 찾아내어 그리스도를 닮은 하나님의 형상으로 새로워지는 기회가 될 것입니다. 튜닝 된

이후 자신의 자화상을 그려보는 튜닝자화상을 통해 인생에 분명한 그림을 가지고 살아가는 크리스천의 삶을 만들어 줄 것입니다.

5) 집중적인 큐티훈련을 통한 영적질서 확립

적용과 반성에 포커스를 맞춘 집중적인 큐티훈련을 통해 우리는 하나님의 말씀대로 사는 삶이 어떤 것인지를 경험하게 되고 철저하게 자신들의 삶을 반성하고 튜닝함으로 영적질서가 잡힌 삶을 살 수 있게 될 것입니다.

6) 주어진 과제(Homework)를 통해 그리스도 중심적 삶으로 튜닝

이 책의 중요한 특징가운데 하나는 매주 제출해야 하는 과제(Homework)에 있습니다. 주제에 맞는 그러나 식상하지 않는 과제를□수행하는 과정을 통해 철저하게 〈그리스도 중심적〉으로 바뀌어지는 자신의 모습을 발견하게 될 것입니다.

튜닝 베이직 사용을 위한 팁(Tip)

1. 튜닝 베이직 운영을 위한 팁

1) 튜닝 베이직을 교회 안에서 양육시스템으로 정착시키기 위해서는 새가족 훈련이나 일대일 제자훈련, 혹은 알파 코스와 같은 기본적인 교리훈련을 마친 후에 실시하면 더 효과적으로 적용할 수 있습니다.

2) 목회자가 평신도리더들을 먼저 훈련시키고 그 리더들이 또 다른 훈련생들을 훈련하는 것이 튜닝의 기본적인 원리입니다. 리더는 13주간동안 훈련생들의 영적부모가 되어야 합니다. 매주 전화나 문자, 만남을 통한 훈련생들의 영적변화를 체크해야 하며, 그리스도 중심의 삶을 살 수 있도록 도와주어야 합니다.

3) 튜닝 베이직은 리더 1인에 훈련생 3~4명으로 구성합니다. 나눔의 기회를 더 많이 부여하기 위해, 풍성한 나눔 꺼리를 위해서도 너무 많은 인원보다는 적당한 인원이 나눔의 질을 향상시킬 수 있습니다. 그러나 리더와 일대일로 모임을 가지는 것은 더 많은 나눔을 가지기 보다는 나눔의 빈약함으로 이어질 수 있고, 나눔에 객관적인 시각을 잃어버릴 수도 있습니다. 그리고 리더 한 사람이 영적 돌봄 사역을 하기 위해서도 최대 4명이 넘지 않는 것이 중요합니다.

4) 튜닝 베이직은 오리엔테이션 포함 총 13주의 과정입니다. 단 1회의 결석만 허용되며 각 과마다 주어지는 숙제는 반드시 하는 것을 원칙으로 합니다.

5) 튜닝 베이직은 13주간의 과정을 완전히 이수한 자가 일정기간의 리더훈련을 한 후에 튜닝 베이직 리더로 세워질 수 있습니다. 13주간의 과정을 완전히 이수했다는 것은 매주 생활점검표 작성, 제대로 된 셀프튜닝목록과 튜닝자화상 작성, 큐티훈련 통과, 매주 숙제 등을 완벽하게 제출하는 것을 의미합니다. 이러한 과정을 수료한 자에게는

〈리더자격〉을 부여하고 만약 그렇지 못한 자들은 단지 〈과정수료자〉로 분류하시면 됩니다. 과정수료자들은 다음 단계에서 훈련을 받을 수는 있지만 리더가 되어 다른 사람을 가르칠 수 없습니다.

　6) 튜닝 베이직은 13주간의 연속적인 훈련 프로그램입니다. 한 주를 건너뛰거나 두 과를 함께 할 수 없습니다. 반드시 한 과씩 혹은 내용이 많을 시 한 과를 두 주에 걸쳐 해주시기 바랍니다.

　7) 튜닝 베이직 과정이 끝났을 때는 튜닝 베이직을 실시한 그룹들이 한자리에 모인 자리에서 수료식을 실시하는 것을 추천합니다. 수료식에는 사진이나 영상자료들을 통해 튜닝 베이직 전과정을 소개해 주시고, 생활점검, 큐티훈련, 셀프튜닝목록과 튜닝자화상, 전체소감문, 핵심 미션 등을 감당하면서 받은 은혜와 도전, 삶의 변화에 대한 부분들을 소개하게 되면 성도들의 관심과 다음 훈련생을 모집하는 일에 도움이 될 것입니다.

2. 모임 진행을 위한 팁

1) 생활점검

　생활점검을 위해 교육생들은 생활점검표와 숙제(미션), 그리고 큐티노트를 매 시간을 시작하기 전에 리더앞에 모아놓아야 합니다.

　첫째, 벤자민 플랭클린의 생활점검표에 대한 점검으로 모임은 시작됩니다. 생활점검표의 점검은 한주간 삶에 대한 나눔의 의미입니다. 13가지 항목으로 매일 점수를 내고 그래프를 그린 내용을 리더가 확인하고 한주간 삶에 어떤 일이 있었는지를 질문합니다. 특히 리더는 교육생들의 생활점검 그래프의 높낮이를 확인하면서 다른 날보다 특정 항목의 점수가 높은 이유와 낮은 이유를 확인하고 또 지난 주와 비교해서 생활점검표의 점수가 어떻게 변하고 있는지를 물어봅니다. 그러한 질문을 통해 자연스럽게 훈련생들 삶을 나눌 수 있는 기회로 만들어 주어야 합니다.

둘째, 3주차에 큐티훈련을 하고 나면 큐티가 제대로 자리를 잡힐 때까지 리더는 큐티점검을 매주 해주어야 합니다. 가장 중요한 포인트는 묵상과 적용과 반성이 하나의 구슬을 꿰듯이 자연스럽게 연결되어야 합니다. 그리고 적용은 반드시 평가가능한 것이 되어야 하며 하나에서 두 개 정도면 됩니다. 그리고 하루를 마감할 때 반드시 반성을 통해 자신이 큐티한 내용을 제대로 적용했는가를 확인해야 합니다. 반성에는 그 적용을 통해 받은 은혜나 느낌 혹은 제대로 되지 못함에 대한 아쉬움과 다짐들이 있어야 합니다. 큐티노트는 일반적으로 6주차까지 제출하면 되지만 교육생들의 정도에 따라 9-10주차까지 이어질 수도 있습니다. 제대로 된 큐티를 할 때까지 큐티노트 제출이 연장됨을 기억해야 합니다.

셋째, 매주 주어지는 미션을 하면서 경험한 은혜, 또 그 미션을 어떻게 감당했는지를 나누면서 변화된 자신의 삶을 간증하는 시간입니다. 두 사람씩 짝을 지어 나누거나 혹은 전체적으로 함께 나눌 수도 있습니다. 매주 주어지는 미션은 과정의 연장이며 반드시 해야 할 과제이므로 훈련생들이 소홀히 여기지 않도록 격려해야 합니다. 특별히 1주차에 주어진 셀프튜닝목록 작성과 튜닝자화상은 한두 주에 만들어지는 것이 아니기에 매주 확인하고 적어도 중간점검 전까지는 완벽한 셀프튜닝목록과 튜닝자화상을 만들도록 유도해야 합니다. 그래야 중간점검이후 7주차부터 자신의 셀프튜닝목록이 어떻게 튜닝자화상의 부분으로 바뀌어 가는가를 점검해 볼 수 있습니다. 셀프튜닝목록을 확실하게 찾아내고 앞으로 자신이 되고 싶은 튜닝자화상을 정확하게 그리는 작업을 절대 소홀히 여겨서는 안됩니다.

생활점검은 처음 1-2주 정도는 15분정도면 되지만 3주차가 지나가면 생활점검의 시간이 30분정도로 늘어납니다. 시간이 늘어나도 생활점검을 소홀히 해서는 안됩니다. 과정을 이수하는 것도 중요하지만 자신의 삶을 진지하게 나누는 것만큼 중요한 공부는 없습니다. 생활점검은 충분한 시간을 가지고 해주시기 바랍니다.

2) 읽을거리
읽을거리는 각 과정마다 주어진 주제에 들어가기 위한 간단한 주제워밍업 시간입니다.

주어진 이야기를 읽으면서 생각나는 느낌이나 관련된 이야기나 생각들을 자유롭게 나누는 시간입니다.

3) 튜닝주제 정의+핵심 내용

이 책에서 다루는 각 과의 튜닝주제들은 어떻게 보면 생소한 주제들입니다. 그래서 튜닝주제에 대한 정의를 통해 그 과에서 무엇을 공부하고 어떤 방향으로 주제를 풀어나가는가를 알 수 있게 됩니다. 예를 들어 생명튜닝은 "하나님께서 생명을 담보로 우리의 삶을 튜닝하시는 방법"입니다. 그래서 이 과정에서는 왜 하나님이 생명튜닝을 하시는지 그 이유에 대해 집중적으로 살펴보게 됩니다. 또 관계튜닝이란 "관계빌더(relationship builder)로의 하나님의 부르심을 깨닫고 관계브레이커인 사탄과의 영적전쟁을 선포하는 행동"을 말합니다. 그래서 이 과정에서는 관계가 깨어지는 이유, 관계튜닝의 방법, 관계 벽돌을 세우는 방법들을 공부하면서 관계튜닝의 정의대로 우리의 삶을 튜닝하기 위한 방법들을 공부하게 됩니다. 이 교재는 각 튜닝주제의 정의에 맞게 내용들이 조금씩 변화되기 때문에 식상하지 않고 다양하고 실제적인 내용들을 공부하게 되는 장점이 있습니다.

4) 피드백나누기

피드백 나눔의 시간은 그날 배운 내용에 대한 정리와 자신의 느낌 및 결단을 함께 나누는 시간입니다. 이 시간에는 모든 훈련생들이 돌아가면서 자신의 생각을 말하는 기회를 주어야 합니다. 그리고 튜닝결단문을 리더가 선창하면 뒤에 따라 나오는 문장을 함께 읽으면서 과정을 마무리하면 됩니다.

리 더	훈련생
1. 나는 튜닝이 필요합니다. 2. 나는 튜닝이 필요합니다. 3. 나는 튜닝이 필요합니다.	1. 하나님의 말씀으로 나를 튜닝해 주옵소서.
	2. 튜닝으로 완성된 나의 모습을 보게 하옵소서.
	3. 튜닝되어 쓰임받는 인생이 되게 하옵소서.

●튜닝베이직 각 과정은 적어도 120분정도의 시간이 필요한 과정입니다.

특별히 7장 〈언어튜닝〉은 현대를 살아가는 크리스천들에게 아주 중요한 주제이며 내용 또한 많은 관계로 자의적으로 두주로 나누어서 과정을 진행하셔도 됩니다. 혹 개교회나 모임에서 이 교재를 사용하실 때 제한된 시간 안에 모임을 해야 할 경우 두가지 방법이 있습니다. 하나는 한 과를 두 주 분으로 나누어서 사용하는 방법과 두 번째는 그 과에서 중요한 핵심부분을 골라서 사용하는 방법입니다.

튜닝 베이직 사용용도

1) 영적성장을 위한 개인묵상교재

2) (새가족 성경공부, 알파 코스, 일대일 훈련)의 후속프로그램

3) 설교자들의 시리즈 설교를 위한 깊이있는 차별화된 설교 자료

4) 튜닝베이직 수련회(중고등부, 청장년 수련회)를 위한 교재

차례

오리엔테이션

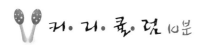 커·리·큘·럼 10분

	과목명	주 별 미 션
	오리엔테이션	셀프튜닝 목록 작성
1주차	셀프튜닝	튜닝자화상 그리기
2주차	말씀튜닝	잠언통독
3주차	큐티훈련	큐티노트(주6회)
4주차	광야튜닝	인생그래프 그리기
5주차	생명튜닝	유서 쓰기
6주차	중간점검	영적건강테스트(상대방)
7주차	언어튜닝	1) 칭찬의 언어, 말실수 목록 2) 언어습관 고치기
8주차	물질튜닝	1000원의 행복
9주차	시간튜닝	시간 회복 프로젝트
10주차	관계튜닝	편지쓰기(깨어진 관계를 가진 사람들에게)
11주차	습관튜닝	습관 고치기(좋은 습관, 고쳐야 할 습관), 긴증문
12주차	Better than good	튜닝자화상, 셀프튜닝 목록 최종본 제출

생·활·점·검·톤 50분

벤자민 플랭클린이라는 사람은 습관이 행동을 지배한다고 믿고 늘 자신을 점검하는 13가지 항목을 만들어 매일 매일 자신의 삶을 통제했다고 합니다.

1. 절 제 - 과음, 과식, 불필요한 쇼핑은 하지 않는다.
2. 과 묵 - 불필요한 말을 하지 않는다.
3. 질 서 - 모든 것을 제자리에 두고, 주어진 일을 제때에 한다.
4. 결 단 - 내가 해야 할 일은 꼭 하겠다고 결심하고 반드시 실천한다.
5. 검 약 - 다른 사람 혹은 나에게 유익한 것 외에는 돈을 쓰지 않는다.
6. 근 면 - 시간을 헛되이 보내지 않고, 항상 유익한 일만 하며, 불필요한 행동 역시 삼간다.
7. 진 실 - 남을 속이지 않으며 순수하고 정당하게 생각한다.
8. 정 의 - 다른 사람에게 손해를 입히지 않고 나의 유익함도 놓치지 않으며 바르고 의롭게 산다.
9. 온 유 - 사람들을 따뜻하고 부드러움으로 대한다.(힘은 있으나 절제된 상태)
10. 청 결 - 몸과 마음, 그리고 생활을 깨끗하게 한다.
11. 평상심 - 사소한 일로 마음을 흩뜨리지 않는다.
12. 순 결 - 육체적인 순결과 마음의 순결, 그리고 영적인 순결함을 유지하며 살아간다.
13. 겸 손 - 교만하지 않고 예수님의 겸손을 본받는다.

● 위의 13가지 항목 가운데 당신에게 강한 부분과 약한 부분을 찾아보십시오.

1) Strong(강한 부분) _____

2) Weak(약한 부분) _____

3) Normal(보통) _____

생활 체크 기준제시표 몇 사람씩 짝을 이루어 각 점수에 맞는 기준을 만들어보십시오. 그리고 전체 의견을 모아 자기들만의 기준제시표를 만드십시오.

	5	4	3	2	1
절제					
과묵					
질서					
결단					
검약(돈)					
근면 (시간)					
진실					
정의					
온유					
청결 (몸,생활)					
평상심					
순결					
겸손					

● 생활점검표를 스스로 만들 수 없는 사람들은 아래의 표를 따라 매주 생활점검표를 작성하십시오.

	5	4	3	2	1
절제	1. 아쉽게 먹기 2. 필요해도 한 번 참기 3. 절대 술자리 안가기	1. 적당히 먹기 2. 사기전 한 번 더 생각 하기 3. 술 자리에서 술 안먹기	1. 다 먹고 한 숟갈 더 먹기 2. 충동구매 3. 권하면 마지 못해 마신다.	1. 배불리 먹고 소화제 먹기 2. 나가면 무조 건 산다. 3. 술을 자주 마신다.	1. 토할만큼 먹기 2. 보기만 하면 산다. 3. 취하도록 마신다.
과묵	말을 아낀다.	꼭 필요한 말만 한다.	말에 실수가 있다.	뒷담화, 가십을 한다.	음해, 거짓말을 한다.
질서	정리정돈을 반드시 하고, 오늘 일을 절대 미루지 않는다.	정리정돈은 하지만 오늘 일을 내일로 미룬다.	대충대충한다.	남이 볼 때만 한다. 오늘 할 일을 전부 미룬다.	무질서한 삶을 산다. (엉망진창)
결단	초지일관 정확하게 실천한다.	결심한 것을 한 두가지 놓친다.	결단한 것을 대 충하지만 전체 적으로 마무리가 시원찮다.	계획만 세운다	계획도 없고 실천도 없다.
검약(돈)	다른 사람을 위해 쓴다.	자기계발에 투자한다.	나에게 무익한 곳에 돈을 쓴다.	계획없이 쓴다.	카드를 남발한다.(한도초과)
근면 (시간)	다른 사람을 위해 봉사할 시간을 갖는다.	자기계발 시간을 갖는다.	아무것도 한 것이 없다.(쳇바퀴 돌듯이)	할 일없이 시간만 보낸다.	시간낭비를 한다.(나쁜 일에)
진실	절대 진실만을 말한다.	선의의 거짓말을 한다.	위기모면을 위해 거짓말을 한다.	상황에 따라 거짓말을 한다.	입만 열면 거짓말을 한다.
정의	나의 유익보다는 다른 사람의 유익을 우선으로 생각한다.	윈윈전략(나의 유익을 포기하지 않고 다른 사람의 유익도 생각한다.	적당히 타협한다.	나의 유익만 챙긴다. (이기적)	남을 이용해서 나의 유익을 취한다.
온유	온유하고 부드럽다.	드러내지 않고 마음으로 화를 삼킨다.	얼굴과 말에 분노를 담았다.	건드리면 성질낸다.	하루 종일 화를 낸다.
청결 (몸,생활)	몸과 생활이 완벽하게 깨끗하다.	몸과 생활이 비교적 깨끗하다.	직당히 치웠다.(때운다)	겉만 번지르하다.	모든 것이 항상 지저분하다.
평상심	어떤 일이든 다 포용한다.	상대방 입장이 되어본다.	상처가 되어도 내색하지 않는다.	얼굴로 내색한다.	사사건건 상처 받는다.
순결	좌짓는 자리에 절대 가지 않는다.	모르고 죄를 지은 적이 있다.	예수믿는 것을 숨긴다.	알면서도 죄를 짓는다.	습관적인 죄를 짓는다.
겸손	자신을 낮추고 상대방을 높인다.	나를 나타내지 않는다.	내가 해놓고 알아주길 바란다.	무엇이든지 내가 잘났다고 한다.	남이 한 것은 무조건 비방한다.

● 생활점검표를 다음과 같이 매주 작성하십시오.

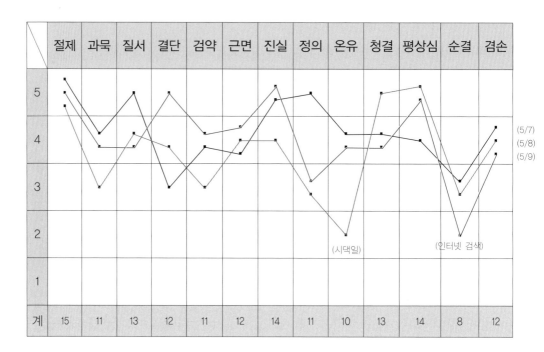

	절제	과묵	질서	결단	검약	근면	진실	정의	온유	청결	평상심	순결	겸손	
5														(5/7)
4														(5/8)
3														(5/9)
2									(시댁일)		(인터넷 검색)			
1														
계	15	11	13	12	11	12	14	11	10	13	14	8	12	

 생·활·점·검·표 50분

1. 자기 자신의 신체적인 특징, 자신만의 장점, 단점 등을 살려 자화상을 그려보십시오.(그림속에서 반드시 자신의 특별한 부분이 강조되고 약화되어야 합니다.)

2. 튜닝되어야 할 부분들

항 목	튜닝되어야 할 부분
신체(몸)	
성 격	
생활방식 (말)	
생활방식 (행동)	
가정생활	
신앙생활	
대인관계	
직장생활	

3. 튜닝베이직을 통해 기대하는 변화(구체적) 5가지

1) _____

2) _____

3) _____

4) _____

5) _____

🎧 Feedback 10분

오늘 과정을 통해 당신이 발견한 것은 무엇입니까? 세밀하게 말씀하시는 하나님의 음성에 귀를 기울여보십시오. 하나님은 당신에게 무엇을 말씀하십니까?

미션 과제
셀프튜닝목록을 작성하십시오.

튜 · 닝 · 결 · 단

나는 튜닝이 필요합니다. 하나님의 말씀으로 나를 튜닝해 주옵소서.	나는 튜닝이 필요합니다. 튜닝으로 완성된 나의 모습을 보게 하옵소서.	나는 튜닝이 필요합니다. 튜닝되어 쓰임받는 인생이 되게 하옵소서.

1 셀프튜닝

생·활·점·검 15분

1. 생활점검표 – 생활점검표를 작성하면서 발견한 생활의 감사거리 혹은 간증거리를 나누어 보십시오.

_____

2. 미션나눔 – 셀프튜닝목록을 두사람씩 짝을 지어 나누어 보십시오.

_____

읽·을·거·리 10분

세계적인 물류 기업인 UPS의 중간 물류 기지가 있는 루이스빌에서 일어난 일입니다. 그곳은 하루에도 수십만 개의 소화물이 바쁘게 처리됩니다. 소화물을 항공기에 싣기 위해 분류하는 작업에는 컨베이어 벨트가 이용되기 때문에, 그 물류 기지에서 컨베이어 벨트가 갖는 중요성은 매우 큽니다. 만약 컨베이어 벨트의 작동이 멈춰 버린다면, 그것은 곧 엄청난 비용과 신뢰의 손실을 의미하는 것입니다.

그러던 어느 날, 컨베이어 벨트가 멈춰버리는 사고가 발생했습니다. UPS의 엔지니어들이 컨베이어 벨트를 수리하려고 달려왔습니다. 그런데 어디가 잘못된 것인지 알아낼 수가 없었습니다. 난감한 일이었습니다. 결국 내부에서 문제를 해결할 수 없게 되자, 현장 책임자는 가까운 곳에 사무실을 두고 있는 컨베이어 벨트 전문가에게 수리를 의뢰하게 되었습니다.

서둘러 사고 현장에 도착한 컨베이어 벨트 전문가는 3분가량을 이곳저곳을 만져 보더니 건물 끝 쪽에 설치된 제어판으로 다가가 덮개를 열고 나사 하나를 조이기 시작했습니다. 그러자 컨베이어 벨트가 다시 돌아가기 시작했습니다. 예상 외로 너무도 쉽게 어려운 문제가 해결되었습니다. 매우 기분이 좋아진 현장 책임자는 유쾌한 목소리로 컨베이어 벨트 전문가에게 이렇게 물었습니다.
"수리비용으로 얼마를 드려야 합니까?"
그러자 수리 전문가는 이렇게 대답했습니다.
"1만 달러입니다."
현장 책임자는 자신의 귀를 의심했습니다.
"1만 달러요? 5분밖에 일하지 않았는데 1만 달러를 달라는 말입니까? 도대체 내역이 어떻게 되는 거죠?"
이 말에 대해 컨베이어 벨트 전문가는 다음과 같이 답을 했고, 책임자는 순순히 1만 달러를 지불했습니다.
"나사를 조이는 값은 얼마 되지 않지만 어떤 나사를 조여야 하는지를 아는 것은 충분히 그만한 가치가 있습니다."

● 이 이야기를 읽으면서 당신은 무엇을 느꼈습니까?

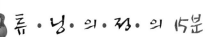

튜·닝·의·정·의 15분

> • tuning
> 1. 조율, 조정; (라디오 · TV 수신기의) 동조(同調), 파장 조정.
>
> • 조율(調律):
> (1) 악기, 특히 건반 악기나 현악기의 음을 표준음에 맞추어 고르는 것. =튜닝.
>   [예문] 피아노 조율.
> (2) (문제가 되어 있는 어떤 대상을) 알맞거나 마땅한 상태가 되도록 조절하는 것.
>   비유적인 말로, 근래에 쓰이기 시작한 말임.

SUMMARY 요약하기

기타를 연주하려는 사람이 연주 전에 절대적으로 변하지 않는 음(절대음)에 각각의 줄을 조율하는 것처럼 "튜닝은 절대 변하지 않는 하나님의 말씀으로 우리의 삶을 조율하는 것"을 의미합니다.

● 당신도 튜닝이 필요합니까?(구체적으로)

1) 당신의 성격 _____

2) 당신의 생활방식(말과 행동) _____

3) 당신의 신앙생활 _____

튜·닝·의·필·요·성 40분

오케스트라 연주회에 가면 관현악단이 무대에 등장한 뒤 음을 맞추는 것을 보게 됩니다. 오케스트라가 무대에 나와서 음을 맞추는 것은 악기가 무대로 나오는 순간 음높이가 변하기 때문입니다. 특히 현악기의 경우 온도와 습도에

민감해 공간이 바뀌는 것 자체가 튜닝(음 맞추기)의 이유가 됩니다.

튜닝의 절차는 복잡하지 않습니다. 먼저 목관악기인 오보에가 A(라)음을 길게 불면 바이올린을 비롯한 현악기가 먼저 음을 맞추기 시작하고 곧이어 목관악기, 음량이 큰 금관악기와 타악기 중 유일하게 음높이가 정해져 있는 팀파니가 소리를 맞춥니다. 관악기의 경우 연결부를 빼거나 넣어 관의 길이를 조절하는 식으로 소리를 맞춥니다. 아무리 좋은 악기를 가지고 있어도 튜닝 되지 못하면 불협화음을 낼 수밖에 없고 틀린 음으로 아무리 연주해도 아름다운 하모니를 만들 수 없습니다. 그러므로 모든 악기는 연주하기 전 반드시 튜닝부터 해야 합니다.

● 당신도 튜닝이 필요한 자입니까? 당신의 삶 가운데 가장 긴급하게 튜닝이 필요한 부분은 어디입니까? 왜 그 부분의 튜닝이 필요합니까?

TOGETHER Reading

우리는 튜닝이 필요합니다. 튜닝이 되지 않으면 쓰임 받을 수 없기 때문입니다. 어떤 훌륭한 연주자도 튜닝 되지 않은 악기로 아름다운 선율을 연주할 수 없습니다. 연주하는 것이 하나님이 하실 몫이라면 우리가 할 일은 튜닝 하는 것입니다. 만약 당신이 튜닝되어진다면 당신은 세상의 다른 줄들을 튜닝할 수 있는 자격을 갖추게 되는 것입니다.

"내가 그리스도를 본받는 지 된 것 같이 니희는 나를 본받는 자 되라"(로마서 11:1)

사도바울은 그리스도를 통해 자신을 튜닝했고, 교회들을 향해 너희는 나를 통해 너희 삶을 튜닝하라고 말합니다. 마치 기타의 6번줄을 통해 5번줄을 튜닝하고, 5번

줄을 통해 그 아래의 줄을 튜닝하듯이 튜닝된 사람이 다른 사람들을 튜닝하는 것이 성경적인 튜닝의 원리입니다. 훌륭한 능력과 재능을 가지고 있지만 튜닝되지 못해 하나님께 쓰임 받지 못한다면 얼마나 가슴 아픈 일입니까?

본문연구 사도행전 9:1-9

> 1 사울이 주의 제자들에 대하여 여전히 위협과 살기가 등등하여 대제사장에게 가서
> 2 다메섹 여러 회당에 가져갈 공문을 청하니 이는 만일 그 도를 따르는 사람을 만나면 남녀를 막론하고 결박하여 예루살렘으로 잡아오려 함이라
> 3 사울이 길을 가다가 다메섹에 가까이 이르더니 홀연히 하늘로부터 빛이 그를 둘러 비추는지라
> 4 땅에 엎드러져 들으매 소리가 있어 이르시되 사울아 사울아 네가 어찌하여 나를 박해하느냐 하시거늘
> 5 대답하되 주여 누구시니이까 이르시되 나는 네가 박해하는 예수라
> 6 너는 일어나 시내로 들어가라 네가 행할 것을 네게 이를 자가 있느니라 하시니
> 7 같이 가던 사람들은 소리만 듣고 아무도 보지 못하여 말을 못하고 서 있더라
> 8 사울이 땅에서 일어나 눈은 떴으나 아무 것도 보지 못하고 사람의 손에 끌려 다메섹으로 들어가서
> 9 사흘 동안 보지 못하고 먹지도 마시지도 아니하니라

1. 사울이 지금 가고 있는 곳과 그가 그곳에 가는 이유는 무엇입니까?(2절) [1]

_____

2. 사울은 어떤 사람입니까? 어떤 성격의 사람입니까?(1절) [2]

_____

　사울은 로마시민권을 가지고 있었고, 그 당시 최고의 스승인 가말리엘문하에서 공부했던 바리새인 중에 바리새인이었습니다. 그는 최고의 교육을 받았지만 그 최고의 지식이 자신의 눈과 귀를 막아 잘못된 자기 확신가운데 살아가게 만들었습니다. 사울은 차가운 율법의 지식만을 가진 여전히 위협과 살기로 가득찬 이성주의자였습니다. 스데반의 죽음 앞에서도 사울은 그의 죽음을 마땅하게 여길 만큼 비정하고 차갑고 냉정한 사람이었습니다.(행 8:1 참조)

　그의 인생의 목적은 성공지향적인 삶이었고 예수의 도를 따르는 사람들을 결박하여 잡아가는 것이 자신의 사명이라고 믿는 사람이었습니다.

3. 그가 다메섹에서 만난 분은 누구입니까?(5절) 3)

_____

4. 사울의 현재의 영적인, 육체적인 상태를 말해주는 부분은 어디입니까?(8절) 4)

_____

　세상적인 학문을 많이 배우고 율법에 정통하다고 튜닝된 인생의 삶을 사는 것이 아닙니다. 당대의 최고의 스승인 가말리엘의 멘토를 받는다고 튜닝 된 삶을 사는 것도 아니었습니다. 그의 모습을 성경은 "눈은 떴으나 아무 것도 보지 못하고 다른 사람의 손에 끌려"(8절)가는 인생이라고 말하고 있습니다.

　세상적인 기준으로 볼 때 그는 출세가도에 서있었고, 누가 봐도 그 정도의 열심이면 성공이 확실했습니다. 그러나 튜닝 되지 못한 사울은 실제로 눈은 떴지만 아무것도 보지 못하는 영적소경이었습니다. 그는 자신의 인생을 산다고 자부했지만 실제로 그의 인생은 다른 사람의 손에 의해 끌려다니는 불쌍한 자였습니다.

　그는 그의 인생에 무엇이 잘못되었는지, 어디에 문제가 있는지도 모르고 앞만 향해 달려가던 사람입니다. 튜닝 되지 못한 사람들의 전형적인 모습입니다.

5. 당신에게는 어떤 부분의 튜닝이 필요합니까?
(포스트잇(10장)으로 당신에게 튜닝이 필요한 부분을 적어보십시오. 그리고 두 사람이 짝을 지어 상대방의 얼굴에 그것들을 붙여주고 누가 빨리 붙여서 떼는가를 시합하십시오. 그리고 1분후에 당신의 얼굴에 무엇이 남아있는가를 확인하고 지금 당신의 모습과 일치하는가를 설명해 보십시오.)

_____

셀·프·튜·닝 30분

1. 튜닝 된 이후 사울이 어떻게 달라졌습니까?(다음의 말씀들을 읽어보고 찾아보십시오.)

_____

_____

_____

_____

> 17 아나니아가 떠나 그 집에 들어가서 그에게 안수하여 이르되 형제 사울아 주 곧 네가 오는 길에서 나타나셨던 예수께서 나를 보내어 너로 다시 보게 하시고 성령으로 충만하게 하신다 하니 18 즉시 사울의 눈에서 비늘 같은 것이 벗어져 다시 보게 된지라 일어나 세례를 받고 19 음식을 먹으매 강건하여지니라 사울이 다메섹에 있는 제자들과 함께 며칠 있을새 20 즉시로 각 회당에서 예수가 하나님의 아들이심을 전파하니(사도행전 9:17-20)

만나매 안디옥에 데리고 와서 둘(바나바와 바울)이 교회에 일 년간 모여 있어 큰 무리를 가르쳤고 제자들이 안디옥에서 비로소 그리스도인이라 일컬음을 받게 되었더라(사도행전 11:26)

두 사람이 성령의 보내심을 받아 실루기아에 내려가서 거기서 배를 타고 구브로에 가서(사도행전 13:4)

바울이라고 하는 사울이 성령이 충만하여 그를 주목하고(사도행전 13:9)

11 하나님이 바울의 손으로 놀라운 능력을 행하게 하시니 12 심지어 사람들이 바울의 몸에서 손수건이나 앞치마를 가져다가 병든 사람에게 얹으면 그 병이 떠나고 악귀도 나가더라(사도행전 19:11-12)

내가 달려갈 길과 주 예수께 받은 사명 곧 하나님의 은혜의 복음을 증언하는 일을 마치려 함에는 나의 생명조차 조금도 귀한 것으로 여기지 아니하노라(사도행전 20:24)

23 그들이 그리스도의 일꾼이냐 정신없는 말을 하거니와 나는 더욱 그러하도다 내가 수고를 넘치도록 하고 옥에 갇히기도 더 많이 하고 매도 수없이 맞고 여러 번 죽을 뻔하였으니 24 유대인들에게 사십에서 하나 감한 매를 다섯 번 맞았으며 25 세 번 태장으로 맞고 한 번 돌로 맞고 세 번 파선하고 일주야를 깊은 바다에서 지냈으며 26 여러 번 여행하면서 강의 위험과 강도의 위험과 동족의 위험과 이방인의 위험과 시내의 위험과 광야의 위험과 바다의 위험과 거짓 형제 중의 위험을 당하고 27 또 수고하며 애쓰고 여러 번 자지 못하고 주리며 목마르고 여러 번 굶고 춥고 헐벗었노라 28 이 외의 일은 고사하고 아직도 날마다 내 속에 눌리는 일이 있으니 곧 모든 교회를 위하여 염려하는 것이라(고린도전서 11:23-28)

TOGETHER Reading

성공을 위해 달려가던 사울이 그리스도를 위해 자신의 목숨을 내어놓는 바울로 바뀌었습니다.

스데반의 죽음을 보고 당연하게 여기던 사울이 눈물로 기도하며 사랑으로 사람들을 격려하는 부드러운 사람으로 바뀌었습니다.

위협하고 살기가 등등했던 사울이 철저하게 그리스도의 십자가 앞에 자신을 낮추고 자신의 약함을 고백했습니다. 남녀노소를 막론하고 결박하려고 내려갔던 사울이 사람들에 의해 결박당하는 인생이 되었습니다.

눈은 떴지만 보지 못하던 인생이 영적인 눈이 열려 하나님의 비밀을 세상가운데 선포하고 교회를 세우는 전도자로 바뀌었습니다.

이것이 바로 튜닝의 힘입니다.

2. 튜닝 된 이후의 당신의 모습(튜닝자화상)을 그려보십시오. 당신은 어떤 모습으로 변해 있을까요?

_____

_____

_____

3. 튜닝베이직을 통해 기대하는 구체적인 변화 5가지를 적어 보십시오.

1) _____

2) _____

3) _____

4) _____

5) _____

오늘 과정을 통해 당신이 발견한 것은 무엇입니까? 세밀하게 말씀하시는 하나님의 음성에 귀를 기울여보십시오. 하나님은 당신에게 무엇을 말씀하십니까?

미션 과제
튜닝 베이직을 통해 기대하는 변화 및 튜닝자화상 완성하기

튜 · 닝 · 결 · 단

나는 튜닝이 필요합니다.

하나님의 말씀으로 나를 튜닝해 주옵소서.

나는 튜닝이 필요합니다.

튜닝으로 완성된 나의 모습을 보게 하옵소서.

나는 튜닝이 필요합니다.

튜닝되어 쓰임받는 인생이 되게 하옵소서.

2 말씀튜닝

생·활·점·검 15분

1. 생활점검표 – 생활점검표(미션)를 작성하면서 발견한 생활의 감사거리 혹은 간증 거리를 나누어 보십시오.

_____

2. 미션나눔 – 튜닝자화상/기대하는 변화를 나누어 보십시오.

_____

읽·을·거·리 10분

남태평양의 핏카린 섬을 지도에서 찾아보면, 망망대해에 한 점과 같은 외딴 섬입니다. 1790년에 바운티 호라는 배에서 항명 폭동사건을 일으켰던 9명의 선원이 이 섬에 당도하게 되었는데 그곳에는 원주민 27명이 살고 있었습니다. 그런데 선원 한 명이 술을 만들기 시작하여 섬은 방탕함과 악으로 가득차게 되었습니다.

10년이 지났을 때에 그 섬에 살아남은 남자는 백인 한 명뿐이었고, 원주민 여자들과 혼혈아로 태어난 아이들만이 있게 되었습니다. 그런데 하루는 그 선원이 바운티 호에 실려 있던 헌 궤짝에서 성경책 한 권을 발견하고 읽기 시작하였습니다. 하나님의 말씀으로 변화를 받게 된 그는 섬에 있는 모든 사람에게 성경을 가르치기 시작했습니다. 그 섬의 사람들은 하나님의 말씀으로 인하여 모두 변화를 받았습니다.

1808년에 미국의 배 토파스 호에 의하여 발견된 핏카린 섬은 감옥이 없고, 술이 없고, 범죄가 없고, 게으름이 없는 번영하는 공동사회였습니다.

● 이 이야기를 읽으면서 당신은 무엇을 느꼈습니까?

_____

● 당신은 하나님의 말씀을 얼마나 가까이 하고 있습니까?

_____

성·경·의·장·의 10분

성경에는 〈성경이 어떤 책인가〉를 곳곳에 소개하고 있습니다. 성경은 내 입의 꿀(겔 3:3), 주린 자에게 영적 음식(욥 23:12), 내 속에 풍성히 거하는 것(골 3:16), 내 발의 등불(시 119:105), 내게 기쁨과 내 마음의 즐거움(렘 15:16), 마음을 새롭게 하여줌(롬 12:2), 내 마음을 불붙게 하는 불(렘 20:9), 정금보다 더 사모할 것(시 19:10), 좌우에 날선 어떤 검보다 예리(히 4:12), 큰 상급(시 19:11), 진리요 의로움(시 119:160), 마음의 생각과 뜻을 감찰(히 4:12), 그리고 완전하고 확실하여 영혼을 소성케 한다(시 19:7)고 기록하고 있습니다. 이것이 바로 성경입니다.

● 당신에게 성경은 어떤 책입니까? 위의 정의가운데 어떤 정의가 가장 당신에게 와닿습니까?

_____

 성·경·의·본·질 20분

● 디모데후서 3장16절을 읽어 보십시오.

1) 성경은 무엇으로 만들어졌으며 그것은 무엇을 의미합니까? [5]

MADE IN _____

> 모든 성경은 하나님의 감동으로 된 것으로 교훈과 책망과 바르게 함과 의로
> 교육하기에 유익하니(디모데후서 3:16)

SUMMARY 요약하기

하나님의 감동이라는 말은 원어 '데오 프뉴스토스'로서 '하나님의 숨결(God-breathed)'이라는 말입니다. 즉 "하나님이 숨을 불어 넣으셨다"라는 의미입니다. 하나님의 말씀 속에는 하나님의 숨결이 들어 있습니다. 그 말씀을 듣든지, 읽든지, 묵상하는 가운데 우리는 하나님의 숨결을 느낄 수 있습니다.

창세기2장7절에 하나님이 땅의 흙으로 사람을 지으시고 그 코에 생기 즉 하나님의 호흡, 숨을 불어 넣었더니 사람이 생령이 되었다고 기록하고 있습니다.

에스겔 37장에도 에스겔골짜기의 마른 뼈들에게 생기를 불어넣었더니 마른 뼈가 살아나고 큰 군대가 되었습니다. 바로 그 생기가 하나님의 호흡, 하나님의 숨결입니다. 하나님의 호흡은 우리가 읽고 듣는 하나님의 말씀을 지금도 감싸고 있습니다.

2) 하나님의 말씀속에 하나님의 숨결이 들어 있다는 것을 통해 우리는 무엇을 알게 됩니까?

> 하나님의 말씀은 살아 있고 활력이 있어 좌우에 날선 어떤 검보다도 예리하여 혼과 영과 및 관절과 골수를 찔러 쪼개기까지 하며 또 마음의 생각과 뜻을 판단하나니(히브리서 4:12)

"성경은 살아있어서 나에게 말을 하며, 발이 있어서 내 뒤에 뛰어오며, 손이 있어서 나를 붙잡는다." (마틴 루터)

TOGETHER Reading

우치무라 간조는 "하나님이 인간을 저주하신다면 질병이나 실패나 죽음 따위로 저주하시지 않고 성경을 읽어도 믿지 못하는 마음으로, 하나님이 살아계시는 것을 믿지 못하는 마음으로, 감사하는 마음이 우러나오지 않는 마음으로 저주하실 것이다"고 하였습니다. 우리의 마음에 감동이 없는 것이 저주입니다. 특히 예수 믿는 사람이 성경을 읽어도 말씀이 마음에 와닿지 않으면 무언가 하나님과의 관계에 장애가 있는 것입니다. 이 자체가 그리스도인에게 가장 괴로운 일입니다.

감동은 은총이며 축복입니다. 마음에 감동이 있고, 말씀에 깨달음이 있고, 말씀을 들을 때마다 눈물이 나고, 가슴이 벅차다면 이것이 곧 은혜입니다.

성경은 감동을 원하는 시대에 참 감동이 무엇인가를 가르칩니다. 모든 성경은 하나님의 감동으로 된 것으로 교훈과 책망과 바르게 함과 의로 교육하기에 유익한 책입니다. 성경은 죽은 말씀이 아니라 살아있는 하나님의 말씀입니다. 하나님께서 지금도 그 숨결로 말씀하고 계십니다.

하나님은 말씀으로 세상을 튜닝해 나가시기를 원하십니다. 그래서 혼돈과 공허 속에 있던 무질서한 세상을 말씀으로 기초를 세우시고, 질서를 만드시며, 심지어 모든 생물들에게 생명까지 선물로 주셨습니다. 예수님께서도 말씀으로 소경의 눈을 뜨게 하시고 나병환자를 고치시고 죽은 자도 살리셨습니다. 말씀은 정지되어 있는 사물의 본질을 뒤흔드는 능력이 있습니다. 말씀은 우리의 외적인 부분뿐만 아니라 우리의 내적인 부분까지도 튜닝을 합니다. 그러므로 우리는 하나님의 선포된 말씀을 기록한 "기록된 말씀"인 성경을 통해 우리의 삶을 튜닝해 나가야 합니다.

말씀튜닝이란 하나님께서 우리를 튜닝하시는 방법가운데 하나입니다. 튜닝을 하기 위해서는 한 가지 중요한 원칙이 있어야 합니다. 그것은 절대 변하지 않는 절대 음에 모든 악기들을 맞추어 나가는 것입니다. 그 절대적으로 변하지 않는 음이 바로 하나님의 말씀입니다. 그래서 말씀튜닝이란 절대 변하지 않는 하나님의 말씀으로 우리의 삶을 튜닝해 나가는 것을 의미합니다.

● 다음의 말씀을 읽어 보십시오.

> 청년이 무엇으로 그의 행실을 깨끗하게 하리이까
> 주의 말씀만 지킬 따름이니이다 (시편 119:9)
> 주께 범죄하지 아니하려 하여 주의 말씀을 내 마음에 두었나이다.(시편 119:11)

1) 이 말씀에서 말씀튜닝을 어떻게 표현하고 있습니까? [6]

_____

2) 말씀튜닝의 결과는 무엇입니까? [7]

_____

SUMMARY 요약하기

  말씀튜닝은 하나님의 변하지 않는 말씀을 우리의 마음에 기준으로 세워두는
것입니다. 그럴 때 우리의 삶이 범죄하지 않고 거룩하고 순결한 하나님의 형상을
회복하게 되는 것입니다. 말씀에 의지하여 그물을 던졌던 베드로가 그물이 찢어질
만큼의 놀라운 결실을 거둔 것처럼, 모세가 말씀에 의지하여 반석을 쳤을 때
반석에서 물이 터져 나왔던 것처럼, 말씀에 의지하여 본토 친척 아비 집을 떠났던
아브라함이 복의 근원이 된 것처럼 우리도 말씀에 의지하여 우리의 삶을 튜닝하기
시작하는 순간 기적이 일어나게 될 것입니다.

말·씀·튜·닝·방·법 20분

● 디모데후서 3장16절을 읽어 보십시오.

> 모든 성경은 하나님의 감동으로 된 것으로 교훈과 책망과 바르게 함과 의로 교육하기에
> 유익하니(디모데후서 3:16)

1) 성경에서 소개하고 있는 말씀튜닝 방법은 무엇입니까? 즉 하나님의 말씀이 우리
   의 삶을 어떻게 튜닝하고 있습니까? 8)

_____

SUMMARY 요약하기

● 교훈은 알게 하시는 것이며 깨닫게 하는 것을 의미합니다. 시편119장105절
  말씀처럼 "주의 말씀은 내 발의 등이요 내 길에 빛입니다." 캄캄한 어둠속을
  걸어갈 때 주의 말씀이 내 발에 등이 되고 길이 되어 내가 어디로 가야할지

알려줍니다. 길을 잘못 들었을 때도, 잘못된 길을 가고 있을 때에도 주의 말씀이 우리의 삶을 교훈하여 바른 길로 인도해주십니다.

● 책망은 우리의 과오나 잘못에 대한 양심의 가책과 죄의식을 일으키는 말씀을 의미합니다. 말 그대로 성령의 책망하심을 의미합니다.

● 바르게 함은 책망에 따라 그릇된 것을 바로잡고 행동을 바꾸는 것을 의미합니다.

● 의로 교육함은 의로운 생활을 지속하도록 훈련하는 것을 의미합니다.

2) 하나님이 당신에게 자주 사용하시는 말씀튜닝 방법은 무엇입니까?

①교훈 ②책망 ③바르게 함 ④의로 교육함

● 사도행전 2장과 7장을 비교해 보십시오.

> 그런즉 이스라엘 온 집은 확실히 알지니 너희가 십자가에 못 박은 이 예수를 하나님이 주와 그리스도가 되게 하셨느니라 하니라 그들이 이 말을 듣고 마음에 찔려 베드로와 다른 사도들에게 물어 이르되 형제들아 우리가 어찌할꼬 하거늘(사도행전 2:36-37)
>
> 그들이 사도의 가르침을 받아 서로 교제하고 떡을 떼며 오로지 기도하기를 힘쓰니라(사도행전 2:42)
>
> 그들이 이 말을 듣고 마음에 찔려 그를 향하여 이를 갈거늘(사도행전 7:54)
>
> 그들이 큰 소리를 지르며 귀를 막고 일제히 그에게 달려들어 성 밖으로 내치고 돌로 칠새 증인들이 옷을 벗어 사울이라 하는 청년의 발 앞에 두니라"(사도행전 7:57-58)

1) 베드로의 설교를 들은 사람들과 스데반의 설교를 들은 사람들의 공통된 반응은 무엇입니까? 9)

2) 베드로의 설교를 들은 사람들과 스데반의 설교를 들은 사람들의 반응의 차이는 무엇입니까? 10)

_____

SUMMARY 요약하기

베드로의 설교와 스데반의 설교를 들은 사람들의 공통된 반응과 차이가 있습니다. 사람들은 베드로의 설교와 스데반의 설교에 모두 마음이 찔렸습니다. 하나님의 말씀은 책망(딤후 3:16)과 찔림(히 4:12)이 있다고 성경은 말하고 있습니다.

그런데 베드로의 설교를 들은 사람들은 '마음에 찔려 우리가 어찌할꼬' 하며 회개하고 세례를 받았지만, 스데반의 설교를 들은 사람들은 마음에 찔려 스데반을 향하여 이를 갈고 돌을 던져 결국 그를 죽이고 말았습니다. 책망을 받았다고, 마음에 찔림이 온다고 튜닝이 되는 것이 아니라 진정한 말씀튜닝은 우리의 마음과 생각이 하나님의 말씀으로 찔러 쪼개어져야 합니다.(히 4:12)

3) 왜 당신도 하나님의 말씀이 주어졌는데 스데반의 설교를 들은 사람들처럼 그 말씀이 당신의 마음이 아닌 당신의 귀만 때리고 있습니까? 왜 말씀으로 당신의 삶이 튜닝되지 못합니까?

_____

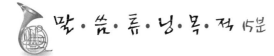 말·씀·튜·닝·목·적 15분

● 디모데후서 3장17절을 읽어 보십시오.

> 이는 하나님의 사람으로 온전하게 하며 모든 선한 일을 행할 능력을 갖추게 하려 함이라(디모데후서 3:17)

1) 말씀튜닝의 목적은 무엇입니까? [11]

___

SUMMARY 요약하기

말씀을 통한 튜닝을 통해 우리는 하나님의 사람으로, 하나님의 선한 일을 감당할 수 있는 사람으로 변하게 될 것입니다. 능력을 갖춘다는 말은 영어성경에 'equip'(이큅)라는 단어로 번역하고 있습니다. '자격을 갖춘다'는 말입니다. 온전히 튜닝되어야 우리의 삶을 쓰임받기 위한 자격을 갖추게 되는 것입니다.

튜닝의 목적은 단순히 튜닝만 되는 것이 목적이 아닙니다, 튜닝을 받는 자들은 반드시 리더로서 사역자로 쓰임받기 위한 자격을 갖추는 'Equipping'(이퀴핑)의 단계로 올라서야 합니다.

2) 당신이 튜닝되기 원하는 목적은 무엇입니까? 어떤 자격을 갖춘 사역자가 되기를 원합니까?

___

"성경에 많은 번역이 있는데, 이 세상에 가장 위대한 성경번역이 있다면 그것은 내 삶으로 성경을 번역하는 것이다." – R.A. 토레이
"적용이 시작될 때 비로소 설교가 시작된다." – 스펄즌

 **Feedback** 10분

오늘 과정을 통해 당신이 발견한 것은 무엇입니까? 세밀하게 말씀하시는 하나님의 음성에 귀를 기울여보십시오. 하나님은 당신에게 무엇을 말씀하시고 있습니까?

미션 과제
잠   언   통   독(1장~31장)

튜 · 닝 · 결 · 단

나는 튜닝이 필요합니다.

하나님의 말씀으로 나를 튜닝해 주옵소서.

나는 튜닝이 필요합니다.

튜닝으로 완성된 나의 모습을 보게 하옵소서.

나는 튜닝이 필요합니다.

튜닝되어 쓰임받는 인생이 되게 하옵소서.

3 큐티훈련

 생·활·점·검 15분

1. 생활점검표 – 생활점검표를 작성하면서 발견한 생활의 감사거리 혹은 간증거리를 나누어 보십시오.

_____

2. 미션나눔 – 잠언을 읽으면서 발견한 것은 무엇입니까? 또 그 말씀을 생활 속에서 어떻게 적용하셨습니까?

_____

 읽·을·거·리 10분

　세계를 변화시킨 영적인 운동들이 여럿 있었지만 그중에 하나가 1882년 영국 캠브리지 대학의 후퍼(Hooper)와 도르톤(Thorton)등 몇몇 학생들이 시작했던 경건 훈련 운동입니다. 이들은 자신들이 그리스도인임에도 불구하고 마음과 생활이

'세속적인 경향'으로 꽉 차있는 것을 발견하고, 기도하면서 해결방법을 찾기 시작했습니다. 거룩을 유지하기 위해서 그들이 찾아낸 방법은 '하루 생활중 얼마를 성경 읽기와 기도로 보낸다.'는 것이었습니다. 그들은 이것을 '경건의 시간' (Quiet Time)이라고 불렀고, '경건의 시간을 기억하자!'라는 슬로건을 외치며 신앙생활을 해 나갔습니다.

결국 이들 캠브리지의 7인은 중국 선교사로 헌신했고, 평생을 하나님과 동행하면서 주님의 사역을 감당했습니다. 후에 이들의 경건훈련 방법인 '경건의 시간' (Quiet Time,약칭 Q.T)을 여러 사람들이 사용하기 시작했고 놀라운 영적능력이 계속 나타나게 되었습니다. 이것이 수많은 선교사, 설교자, 사역자들의 영성을 뒷받침하는 경건훈련방법인 Q.T의 역사입니다.

● 위의 글에서 큐티는 무엇에 대한 갈망으로 시작되었습니까?

_____

● 당신은 현재 꾸준히 큐티를 하고 있습니까? 큐티는 당신에게 어떤 의미입니까?

_____

 명·상·과·묵·상 (15분)

1) _____[12] : 마음을 비우는 일, 즉 자기 속에 있는 복잡한 생각을 자꾸 없애버리고 생각을 비우는 것

2) _____[13] : 하나님의 말씀으로 마음을 채워서 내 생각 속에 하나님이 충만히 거하는 것(골3:16)

3) _____[14] : 큐티는 조용한 시간과 장소를 정하여 매일 하나님을 개인적으로 만나는 시간이며, 성경말씀을 통하여 나를 향하신 하나님의 음성(뜻, 계획)을 듣고, 묵상하며, 삶에 적용함으로써 삶의 변화와 성숙을 이루고자 하는 경건훈련입니다. 한마디로 현대인을 위한 만나 혹은 하나님과의 거룩한 데이트라고 말할 수 있습니다.

영·적·거·장·들·의·큐·티 비분

1) 20세기의 위대한 기독교 사상가 C.S.루이스(1898~1963)

C.S.루이스는 20세기 그리스도인들에게 가장 큰 영향력을 끼친 인물로 꼽히는 탁월한 기독교 변증가이자 시인, 작가, 비평가, 영문학자입니다. 그가 청년이 되었을 때, 유년기에 버린 기독교 신앙을 회복하면서 이렇게 말합니다.

"우리 인간의 마음은 우리를 창조하신 하나님 안에서 안식하며 그분과 교제하기 전까지는 진정한 쉼이 없다."

그는 매일 아침, '드리는 삶'을 살아야 한다고 생각했습니다. 그리스도인은 삶의 모든 영역을 하나님께 드려야 한다고 역설했습니다.

"눈을 뜨자마자 본성이 외치는 소리를 뒤로하고 하나님의 음성을 듣고, 하나님이 당신의 모든 생각과 말을 인도하고 지시하시도록 하라. '나는 누구 말을 듣고 있는가?' 혹은 '누가 주관하는가?'라고 카드에 적어 침대나 욕실 거울에 붙여 놓으라. 하나님께 자신을 드리는 평온한 자세로 하루를 시작하는 데 도움이 될 것이다."

그리스도인으로서의 삶이 몸에 배게 하는 것, 이것이 바로 큐티입니다.

2) 일사각오의 순교자 주기철 목사(1897~1944)

주기철 목사는 고난의 시기를 주님을 향한 순전한 사랑과 신앙의 절개로 이겨 나갔습니다. 그는 형극의 고통 속에서도 언제나 기도와 말씀 묵상에 힘쓰며 평화로운 얼굴로 함께 갇힌 신앙의 동지들을 위로하며 격려까지 했습니다. 그는 이렇게 고백했습니다.

"나는 내 주님 외에 다른 신 앞에서 무릎을 꿇고는 살 수 없습니다. 더럽게 사는 것보다 차라리 죽고 또 죽어 주님 향한 정절을 지키려 합니다. … 나에게는 일사각오가 있을 뿐입니다. 소나무는 죽기 전에 찍어야 시푸르고, 백합화는 시들기 전에 떨어져야 향기롭습니다. … 이 몸도 시들기 전에 주님의 제단에 제물이 되어지이다."

일사각오의 신앙! 이것은 바로 하나님을 깊이 바라보는 데서 비롯됩니다. 큐티는 하나님을 깊이 바라보는 것입니다.

3) 영적 대각성을 일으킨 사람 조지 윗필드(1714~1770)

조지 윗필드는 존 웨슬리, 조나단 에드워드와 함께 18세기 영적 대각성 운동을 일으킨 주역입니다. 그는 참으로 경건한 사람이었습니다.

이른 새벽에 일어나 성경을 한 부분 읽고 묵상하고 찬양하며, 잃어버린 영혼들과 그가 아는 몇 사람을 위해 하나님께 중보 기도를 했습니다. 하나님과 만남으로 하루를 시작했습니다. 그리고 하루 종일 기도하는 마음으로 살았으며, 기도는 그가 호흡하는 '천연의 공기'였습니다.

그의 삶의 특징은 '사랑, 희락, 화평, 오래 참음, 자비, 양선, 충성, 온유, 절제' 같은 성령의 열매가 풍성하게 나타나는 것이었습니다. 이같은 거룩한 삶은 하나님과 만나면서 시작됩니다.

큐티는 하나님과 만나는 것입니다.　　　　　〈http://www.food4.net/quiet/qui-12.htm 인용〉

 큐 • 티 • 의 • 유 • 익 1분

1) _____15) : 개인의 영성이 깊어진다.

HINT FOR LEADER

큐티를 통한 가장 큰 유익은 영적인 성장 즉 영성의 깊이가 달라지는 것입니다. '영적성장'의 의미는 다음과 같습니다.
1) 하나님의 뜻을 분별할 만큼 영적으로 민감하다.
2) 예수님을 아주 많이 닮아있다.
3) 주님으로부터 현재 영적인 힘을 공급받고 있다.
4) 영적인 자존감으로 충만하다.

2) _____[16] : 개인의 인격이 깊어진다.

3) _____[17] 으로 다른 사람을 섬기게 된다.

4) 성령의 _____[18] (inclination)을 배울 수 있게 된다.

> 육체의 소욕은 성령을 거스리고 성령의 소욕은 육체를 거스리나니 이 둘이 서로 대적함으로 너희의 원하는 것을 하지 못하게 하려 함이니라(갈라디아서 5:17)
> 망령되고 허탄한 신화를 버리고 오직 경건에 이르기를 연습하라 육체의 연습은 약간의 유익이 있으나 경건은 범사에 유익하니 금생과 내생에 약속이 있느니라(디모데전서 4:7-8)

〈http://www.food4.net/quiet/qui-12.htm 인용〉

TOGETHER Reading

그리스도인의 삶이란 단순히 교회에 열심히 출석하고 예배드리고 봉사하는 것이상입니다. 그것은 하나님의 뜻대로 살아가는 것을 말합니다. 이 세상 속에서 하나님의 뜻을 따라 살기위해 가장 좋은 방법은 '말씀 묵상 즉 큐티' 입니다.

 큐·티·를·해·야·할·이·유 15분

우리가 큐티를 해야 할 이유를 이스라엘 백성들의 광야생활을 통해 발견할 수 있습니다. 왜냐하면 우리의 인생도 광야와 같은 삶이기 때문입니다.

1) _____ [19] 으로 돌아가지 않기 위해서

> 이스라엘 자손이 다 모세와 아론을 원망하며 온 회중이 그들에게 이르되 우리가 애굽 땅에서 죽었거나 이 광야에서 죽었으면 좋았을 것을 어찌하여 여호와가 우리를 그 땅으로 인도하여 칼에 쓰러지게 하려 하는가 우리 처자가 사로잡히리니 애굽으로 돌아가는 것이 낫지 아니하랴 이에 서로 말하되 우리가 한 지휘관을 세우고 애굽으로 돌아가자 하매(민수기14:2-4)

TOGETHER Reading

큐티를 해야 하는 이유는 애굽으로 다시 돌아가지 않기 위해서입니다. 내가 인생의 주인이 되어 살던 영적 애굽생활에서는 하나님을 느낄 수도 없고, 노예근성으로 가득 차 수동적이고 죄로 가득 찬 삶을 살 수밖에 없는 곳입니다. 우리는 큐티를 통해 다시 예전으로 돌아가지 않도록 자신의 삶을 채찍질할 수 있습니다.

2) _____ [20] 를 건너기 위해서

> 모세가 바다 위로 손을 내밀매 여호와께서 큰 동풍이 밤새도록 바닷물을 물러가게 하시니 물이 갈라져 바다가 마른 땅이 된지라(출애굽기14:21)

홍해는 이스라엘 백성들이 가는 길을 가로막는 장애물입니다. 우리가 살아가는 인생 앞에도 이러한 장애물이 늘 있습니다.

큐티는 우리를 가로막고 있는 장애물들을 극복하고 하나님의 방법으로 돌파(breakthrough)하기 위한 영성훈련과정입니다. 우리는 큐티를 통해 하나님이 문제를 어떻게 풀어가시는지를 알 수 있습니다.

3) _____[21] 에 들어가기 위해서

> 거기서 내가 너와 만나고 속죄소 위 곧 증거궤 위에 있는 두 그룹 사이에서 내가 이스라엘 자손을 위하여 네게 명령할 모든 일을 네게 이르리라(출애굽기 25:22)

지성소는 하나님과 만나는 장소입니다. 하나님께서는 지성소로 들어오라고 말씀하시고 그곳에서 말씀하시겠다고 하셨습니다.

큐티는 하나님과의 만남의 시간입니다. 우리는 큐티를 통해 하나님의 음성을 들을 수 있습니다.

4) _____과 _____[22]의 인도와 보호를 받기 위해

> 이 땅 거주민에게 전하리이다 주 여호와께서 백성 중에 계심을 그들도 들었으니 곧 주 여호와께서 대면하여 보이시며 주의 구름이 그들 위에 섰으며 주께서 낮에는 구름 기둥 가운데에서, 밤에는 불기둥 가운데에서 그들 앞에 행하시는 것이니이다
> (민수기 14:14)

하나님께서는 광야 길을 걸어가는 이스라엘 백성들을 위해 불기둥과 구름기둥으로 그들의 삶을 인도하셨습니다. 그들이 가고서는 것은 그들의 자의적인 판단에 달린 것이

아니라 전적으로 하나님의 뜻에 달려있습니다. 큐티는 하나님의 뜻을 아는 시간이고 우리가 가야할지 멈춰서야 할지를 결정하는 시간입니다. 우리는 큐티를 통해 지금 나에게 말씀하시는 하나님의 음성을 들을 수 있습니다.

5) 반석에서 _____[23] 를 얻기 위해

> 지팡이를 가지고 네 형 아론과 함께 회중을 모으고 그들의 목전에서 너희는 반석에게 명령하여 물을 내라 하라 네가 그 반석이 물을 내게 하여 회중과 그들의 짐승에게 마시게 할지니라(민수기 20:8)

HINT FOR LEADER

광야의 길은 목마름의 연속입니다. 그 목마름 속에서 생수는 그들의 지치고 힘든 피로를 씻어주고, 갈급한 목을 축일 수 있고, 다시 여행을 계속할 수 있는 동기부여가 됩니다.
큐티도 일상 속에서 지치고 갈급한 우리의 영혼에 영적인 생수를 공급하는 시간입니다. 얼음냉수와 같이 우리의 가슴을 시원하게 만들어 주고, 아침이슬과 같이 촉촉하게 삶을 적시는 하나님의 말씀으로 인해 우리는 새로운 힘을 얻게 될 것입니다.

6) _____[24] 의 은혜를 경험하기 위해

> 네 하나님여호와께서 이 사십 년 동안에 너로 광야의 길을 걷게 하신 것을 기억하라 이는 너를 낮추시며 너를 시험하사 네 마음이 어떠한지 그 명령을 지키는지 아니 지키는지 알려 하심이라 너를 낮추시며 너로 주리게 하시며 또 너도 알지 못하며 네 열조도 알지 못하던 만나를 네게 먹이신 것은 사람이 떡으로만 사는 것이 아니요 여호와의 입에서 나오는 말씀으로 사는 줄을 알게 하려 하심이니라(신명기 8:2–3)

하나님은 이스라엘 백성들에게 사람이 떡으로만 사는 것이 아니라 여호와의 입에서 나오는 말씀으로 사는 것을 알려주시려고 만나의 은혜를 내려주셨습니다. 큐티는 바로 이 만나의 은혜입니다.

우리의 인생이 떡으로만 사는 것이 아니라 하나님의 말씀으로 사는 인생임을, 매일 매일 하나님이 내려주시는 만나의 은혜가 없이는 살 수 없는 인생임을 하나님은 우리에게 말씀해 주시기 위해 큐티를 하라고 하십니다. 큐티를 하게 되면 우리는 일상에서 말씀하시는 하나님의 은혜를 경험할 수 있습니다.

렉·치·오·디·비·나 10분

라틴어로 '거룩한 독서'를 뜻하는 렉치오 디비나Lectio Divina, 말씀 읽기는 기독교의 가장 오래되고 고전적인 말씀 묵상 방법입니다.

말씀 묵상 방법의 1단계는 성경 말씀을 _____ 25) 렉치오, Lectio단계입니다.

처음에는 소리 내어 읽으나 다음에는 마음의 눈으로 침묵 가운데 천천히 읽습니다. 그리고 마음에 다가오는 구절에 집중합니다.

2단계는 자기를 _____ 26) 메디타치오, Meditatio하는 단계입니다. 지금 다가오는 하나님의 말씀이 무엇을 의미하는지를 씹고 되새김질을 합니다. 침묵 가운데 묵상하면서 자신의 모습을 성찰해 봅니다. 이 단계는 말씀을 이빨로 잘게 씹는 것과 같습니다.

3단계는 하나님께 _____ 27) 오라치오, Oratio하는 단계입니다. 그 말씀이 나를 인도하시도록 말씀에게 자신을 맡기면서 감사, 찬양, 고백, 간구의 기도를 하고, 아울러 하나님의 음성을 듣기도 하는 단계입니다. 마치 과일의 맛을 맛있게 느끼면서 삼키는 것과 같습니다.

4단계는 하나님 안에서 _____ 28) 컨템플라치오, Contemplatio단계입니다. 관상기도라고도 합니다. 침묵 가운데 하나님의 현존을 느끼고, 하나님 안에서 편히 쉼을 누리는 단계입니다. 마치 과일을 삼킨 후 그 향을 음미하는 것과 같습니다.

〈이경용 「말씀묵상기도」 스텝스톤, 2010 참고〉

이러한 말씀 묵상은 하나님의 임재하심을 느끼고 하나님의 현존 안에서 쉼을 누리는 것으로 끝나는 것이 결코 아닙니다. 말씀에 삼가 주의하는 목적은 우리의 현실 생활 가운데 그대로 적용하여 실천하는데 있습니다. 이것이 여호와 하나님을 의지하는 태도입니다.

「하나님과의 친밀」Intimacy with God의 저자 토마스 키팅은 "활동 없는 관상기도는 침체되게 하고 관상기도가 없는 활동은 지쳐버리거나 한곳을 맴돌게 만든다."고 하였습니다.

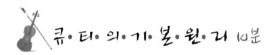

큐·티·의·기·본·원·리 (15분)

1. 가장 먼저 큐티를 위한 _____과 _____29) 를 확보해야 합니다.

2. 본문을 2-3번을 읽으면서 본문을 _____30) 하십시오.

> 관찰은 본문에서 '무엇을 보는가'라는 의미입니다. 본문속에 등장하는 등장인물을 찾아내고, 그들의 말과 행동, 감정의 변화들을 관찰하십시오. 그들의 말과 행동의 이유들을 관찰해 보십시오.

3. 큐티 책자의 묵상을 의존하기 보다는 읽기 전에 먼저 스스로 _____31) 하십시오.

> 묵상이란 마치 소가 먹었던 음식을 되새김질하는 것과 같습니다. 묵상은 일종의 사고 작용으로서 말씀을 가지고 사고하는 것입니다.
> 폴투르니에는 "묵상은 하나님의 음성을 기다리는 것"이라고 말합니다. 우리가 조용한 시간을 계속 갖는다면 침묵가운데 우리 마음속에 떠오르는 생각이 하나님의 음성이라는 것을 알게 됩니다. 말씀을 중심으로 생각하고 있을 때 우리 마음속에 떠오르는 깨달음이 바로 하나님의 음성입니다.

● 묵상을 돕기 위해 다음의 묵상안경들을 참고할 수 있습니다.

1) 하나님은 어떤 분이신가?(요한일서1:1-5)

_____

2) 예수님은 어떤 분이신가?

_____

3) 성령님은 어떤 분이신가?

_____

4) 내가 버려야 할 죄(Sins to confess)는 무엇인가?(사무엘하11:1-17)

_____

5) 내가 붙잡아야 할 약속(Promises to claim)은 무엇인가?(잠언23:15-19)

_____

6) 내가 피해야 할 행동(Actions to avoid)은 무엇인가?(창세기13:8-12)

_____

7) 내가 순종해야 할 명령(Command to obey)은 무엇인가?(디모데후서2:20-22/창세기12:1-4)

_____

8) 내가 따라야 할 모범(Examples to follow)은 무엇인가?(마태복음4:17-25)

_____

9) 내가 새롭게 발견한 진리는 무엇인가?(전도서9:10-12)

_____

4. 묵상을 반드시 _____ 32) 하십시오. 기록한 것만 적용할 수 있습니다.

> 괴테는 "독서는 해박한 사람, 대화는 민첩한 사람, 필기는 정확한 사람을 만든다"고 했습니다. 폴크너라는 사람은 "나는 내가 말했던 것을 글로 읽기 전에는 내가 무엇을 생각하는지 알지 못한다"고 말합니다.
> 묵상의 기록은 큐티에 있어 아주 중요한 요소가운데 하나입니다.

5. 큐티는 _____ 33) 이 중요합니다. 그러므로 함께 큐티하는 동료들이 필요합니다.

6. 큐티는 개인묵상이기에 꼭 _____ 34) 이 될 필요는 없습니다.

7. 큐티의 적용은 _____ 35) 으로 해야 합니다.

> 적용이란 내가 나의 삶을 하나님의 말씀에 비추어서 어떻게 개선해 나갈지에 대한 구체적인 행동지침이나 결단을 말합니다.
> 큐티 적용의 4원칙은 1) 실천할 수 있는 것practical, 2) 가능한 것possible, 3) 개인 자신의 것personal, 4) 오늘, 지금 당장today & right now입니다.

8. 큐티는 반드시 _____ 36) 이 따라와야 합니다.

> 하루가 끝난 저녁이나 다음날 큐티를 시작하기 전에 어제의 큐티의 적용을 돌아보고 자신의 행동과 말에 대한 반성을 하고, 특별한 간증이나 칭찬할 만한 일이 있으면 적어두어야 합니다. 그것을 가지고 동료들과 나눔을 하시면 됩니다.

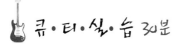 큐·티·실·습 30분

- 본문1 : 요한복음5:1-9,1-18 ● 본문2 : 열왕기상11:1-13

요한복음5:1-16	열왕기상11:1-13
1 그 후에 유대인의 명절이 되어 예수께서 예루살렘에 올라가시니라	1 솔로몬 왕이 바로의 딸 외에 이방의 많은 여인을 사랑하였으니 곧 모압과 암몬과 돔과 시돈과 헷 여인이라
2 예루살렘에 있는 양문 곁에 히브리 말로 베데스다라 하는 못이 있는데 거기 행각 다섯이 있고	2 여호와께서 일찍이 이 여러 백성에 대하여 이스라엘 자손에게 말씀하시기를 너희는 그들과 서로 통혼하지 말며 그들도 너희와 서로 통혼하게 하지 말라 그들이 반드시 너희의 마음을 돌려 그들의 신들을 따르게 하리라 하셨으나 솔로몬이 그들을 사랑하였더라
3 "그 안에 많은 병자, 맹인, 다리 저는 사람, 혈기 마른 사람들이 누워 (물의 움직임을 기다리니"	3 왕은 후궁이 칠백 명이요 첩이 삼백 명이라 그의 여인들이 왕의 마음을 돌아서게 하였더라
4 이는 천사가 가끔 못에 내려와 물을 움직이게 하는데 움직인 후에 먼저 들어가는 자는 어떤 병에 걸렸든지 낫게 됨이러라)	4 솔로몬의 나이가 많을 때에 그의 여인들이 그의 마음을 돌려 다른 신들을 따르게 하였으므로 왕의 마음이 그의 아버지 다윗의 마음과 같지 아니하여 그의 하나님 여호와 앞에 온전하지 못하였으니
5 거기 서른 여덟 해 된 병자가 있더라	5 이는 시돈 사람의 여신 아스다롯을 따르고 암몬 사람의 가증한 밀곰을 따름이라
6 예수께서 그 누운 것을 보시고 병이 벌써 오래된 줄 아시고 이르시되 네가 낫고자 하느냐	6 솔로몬이 여호와의 눈앞에서 악을 행하여 그의 아버지 다윗이 여호와를 온전히 따름 같이 따르지 아니하고
7 병자가 대답하되 주여 물이 움직일 때에 나를 못에 넣어 주는 사람이 없어 내가 가는 동안에 다른 사람이 먼저 내려가나이다	7 모압의 가증한 그모스를 위하여 예루살렘 앞 산에 산당을 지었고 또 암몬 자손의 가증한 몰록을 위하여 그와 같이 하였으며
8 예수께서 이르시되 일어나 네 자리를 들고 걸어가라 하시니	8 그가 또 그의 이방 여인들을 위하여 다 그와 같이 한지라 그들이 자기의 신들에게 분향하며 제사하였더라
9 그 사람이 곧 나아서 자리를 들고 걸어가니라 이 날은 안식일이니	9 솔로몬이 마음을 돌려 이스라엘의 하나님 여호와를 떠나므로 여호와께서 그에게 진노하시니라 여호와께서 일찍이 두 번이나 그에게 나타나시고
10 유대인들이 병 나은 사람에게 이르되 안식일인데 네가 자리를 들고 가는 것이 옳지 아니하니라	10 이 일에 대하여 명령하사 다른 신을 따르지 말라 하셨으나 그가 여호와의 명령을 지키지 않았으므로
11 대답하되 나를 낫게 한 그가 자리를 들고 걸어가라 하더라 하니	11 여호와께서 솔로몬에게 말씀하시되 네게 이러한 일이 있었고 또 네가 내 언약과 내가 네게 명령한 법도를 지키지 아니하였으니 내가 반드시 이 나라를 네게서 빼앗아 네 신하에게 주리라
12 그들이 묻되 너더러 자리를 들고 걸어가라 한 사람이 누구냐 하되	12 그러나 네 아버지 다윗을 위하여 네 세대에는 이 일을 행하지 아니하고 네 아들의 손에서 빼앗으려니와
13 고침을 받은 사람은 그가 누구인지 알지 못하니 이는 거기 사람이 많으므로 예수께서 이미 피하셨음이라	13 오직 내가 이 나라를 다 빼앗지 아니하고 내 종 다윗과 내가 택한 예루살렘을 위하여 한 지파를 네 아들에게 주리라 하셨더라
14 그 후에 예수께서 성전에서 그 사람을 만나 이르시되 보라 네가 나았으니 더 심한 것이 생기지 않게 다시는 죄를 범하지 말라 하시니	
15 그 사람이 유대인들에게 가서 자기를 고친 이는 예수라 하니라	
16 그러므로 안식일에 이러한 일을 행하신다 하여 유대인들이 예수를 박해하게 된지라	

Tips for Quiet Time

1. 당신이 본문 속에서 발견한 사람들은?

_____

2. 그 사람들은 어떻게 얽혀 있습니까?

_____

_____

3. 그들은 무슨 말을 하고, 어떻게 행동하고 있습니까?

_____

_____

4. 당신이 본문을 묵상하면서 새롭게 발견한 것(해석)이나 깨달은 것이 있습니까?

_____

_____

5. 당신의 현재의 삶과 어떻게 연결할 수 있습니까?

_____

_____

6. 하나님이 당신에게 이 말씀을 통해 요구하시는 것은 무엇입니까?

_____

_____

7. 구체적으로 당신의 삶의 결단을 적어보십시오.

_____

_____

8. 〈반성〉당신의 오늘 하루 삶과 당신이 결단한 내용 혹은 당신에게 요구하시는 말씀을 비교해 보십시오. 잘한 것은 무엇이고, 잘못한 것은 무엇입니까? (당신이 잘못한 것이 실수입니까? 말씀이 기억나지 않았기 때문입니까? 하나님의 말씀이 기억나서 억제하거나, 실수하지 않은 것은 없습니까?) 당신의 평가와 결심을 적으십시오.

_____

_____

 **Feedback** 10분

오늘 과정을 통해 당신이 발견한 것은 무엇입니까? 세밀하게 말씀하시는 하나님의 음성에 귀를 기울여보십시오. 하나님은 당신에게 무엇을 말씀하시고 있습니까?

미션 과제
앞으로 5주 동안 매일성경본문(생명의 삶)을 따라 큐티를 실시하십시오.

튜 · 닝 · 결 · 단

나는 튜닝이 필요합니다. 하나님의 말씀으로 나를 튜닝해 주옵소서.	나는 튜닝이 필요합니다. 튜닝으로 완성된 나의 모습을 보게 하옵소서.	나는 튜닝이 필요합니다. 튜닝되어 쓰임받는 인생이 되게 하옵소서.

4 광야 튜닝

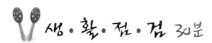 생·활·점·검 30분

1. 생활점검표 – 생활점검표를 작성하면서 발견한 생활의 감사거리 혹은 간증거리를 나누어 보십시오.

_____

2. 미션나눔 – 한 주간 큐티를 하면서 발견한 하나님의 은혜와 하나님의 인도하심을 간증해 보십시오.

_____

읽·을·거·리 10분

존 맥스웰의 '태도' 라는 책에 이런 이야기가 나옵니다.
어느 딸이 아버지에게 자신이 당하고 있는 문제를 말하며 삶이 힘들다고 불평을 합니다. 아버지는 "나를 따라 오너라. 보여줄 것이 있단다."하고 부엌으로 데리고

갔습니다. 아버지는 냄비 세 개에 물을 부은 다음 불 위에 올려놓았습니다.

첫 번째 냄비는 당근을 썰어 넣었고, 두 번째 냄비에는 달걀 두 개를, 세 번째 냄비에는 커피가루를 약간 넣었습니다. 몇 분후 당근을 꺼내 그릇에 담고 삶은 계란 역시 껍질을 벗겨 그릇에 담고, 커피는 컵에 따랐습니다. 딸이 물었습니다.

"아빠, 뭘 하시려는 거예요?"

"자, 보렴. 처음에 딱딱했던 당근은 흐물흐물해졌어, 반면 깨지기 쉬운 달걀은 더욱 단단해졌단다.

커피는 어떠니? 커피는 물을 더 값진 것으로 바꾸었단다."

아버지는 계속 말합니다. "지금 네게 닥친 문제는 온전히 너 자신에게 달린 문제란다. 흐물흐물해진 당근처럼 직면한 문제 때문에 더 약해질 수도 있고, 삶은 달걀처럼 그 문제로 말미암아 더 강한 자신을 발견할 수도 있단다. 아니면 커피처럼 문제를 아예 자신에게 유익한 기회로 바꿀 수도 있어. 선택은 바로 너 자신이 하는 거란다."

우리 인생에 다가오는 여러 가지 문제 앞에 우리의 태도는 참으로 중요합니다. 그 태도에 의해 우리는 당근처럼 고난 전에는 강력하고 힘 있는 삶을 살았지만 완전히 풀이 꺾여 삶의 의지를 상실하며 살아갈 수도 있습니다. 아니면 깨어지기 쉬운 달걀처럼 처음에는 약했지만 고난을 통해 더욱 강해지고 견고해지는 기회가 되기도 합니다. 그리고 커피처럼 자신의 가치를 완전히 바꾸어 버리기도 합니다. 여러분들은 여러분 앞에 다가왔던 고난 앞에 어떤 태도로 대하셨습니까? 또 지금 여러분 앞에 있는 고난과 어려움에 어떤 자세로 대하기를 원하십니까?

● 이 이야기를 읽으면서 당신은 무엇을 느꼈습니까?

_____

● 당신에게 다가온 고난에 어떤 자세를 가지고 있습니까?

_____

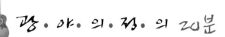
광·야·의·짱·의 20분

1) wilderness(KJV): 황야, 황무지
2) desert(NIV): 사막, 광야, 황무지, 불모지.
3) 황야[荒野]: 사람의 손이 미치지 않아 버려진 채 거칠어진 들판

● 다음의 말씀들을 읽으면서 광야에 대해 묵상하십시오.

> 모세가 홍해에서 이스라엘을 인도하매 그들이 나와서 수르 광야로 들어가서 거기서 사흘길을 걸었으나 물을 얻지 못하고(출애굽기 15:22)
>
> 이스라엘 자손이 그들에게 이르되 우리가 애굽 땅에서 고기 가마 곁에 앉아 있던 때와 떡을 배불리 먹던 때에 여호와의 손에 죽었더라면 좋았을 것을 너희가 이 광야로 우리를 인도해 내어 이 온 회중이 주려 죽게 하는도다(출애굽기 16:3)
>
> 백성이 하나님과 모세를 향하여 원망하되 어찌하여 우리를 애굽에서 인도해 내어 이 광야에서 죽게 하는가 이 곳에는 먹을 것도 없고 물도 없도다 우리 마음이 이 하찮은 음식을 싫어하노라 하매(민수기 21:5)
>
> 너를 인도하여 그 광대하고 위험한 광야 곧 불뱀과 전갈이 있고 물이 없는 건조한 땅을 지나게 하셨으며 또 너를 위하여 단단한 반석에서 물을 내셨으며(신명기 8:15)
>
> 가서 예루살렘의 귀에 외칠지니라 여호와께서 이와 같이 말씀하시기를 내가 너를 위하여 네 청년 때의 인애와 네 신혼 때의 사랑을 기억하노니 곧 씨 뿌리지 못하는 땅, 그 광야에서 나를 따랐음이니라(예레미야 2:2)
>
> 그들이 우리를 애굽 땅에서 인도하여 내시고 광야 곧 사막과 구덩이 땅, 건조하고 사망의 그늘진 땅, 사람이 그 곳으로 다니지 아니하고 그 곳에 사람이 거주하지 아니하는 땅을 우리가 통과하게 하시던 여호와께서 어디 계시냐 하고 말하지 아니하였도다(예레미야 2:6)

1. 위의 말씀속에는 광야가 어떤 곳으로 기록되어 있습니까? 광야가 당신에게 주는 이미지는 무엇입니까? (광야는   다.) [37]

2. 당신에게도 인생의 광야가 있었습니까? 그때의 느낌을 한마디로 표현해 보십시오. 당신은 어떻게 그 광야를 극복했습니까?

_____

광·야·튜·닝 50분

● 신명기 8장1-10절을 읽어 보십시오.

1. 하나님께서 40년 동안 광야 길을 걷게 하신 이유가 무엇입니까?(2-3절) [38]

_____

> 2. 네 하나님 여호와께서 이 사십 년 동안에 네게 광야 길을 걷게 하신 것을 기억하라 이는 너를 낮추시며 너를 시험하사 네 마음이 어떠한지 그 명령을 지키는지 지키지 않는지 알려 하심이라
> 3. 너를 낮추시며 너를 주리게 하시며 또 너도 알지 못하며 네 열조도 알지 못하던 만나를 네게 먹이신 것은 사람이 떡으로만 사는 것이 아니요 여호와의 입에서 나오는 모든 말씀으로 사는 줄을 네가 알게 하려 하심이니라(신명기 8:2-3)

2. 하나님께서 당신에게 광야 길을 걷게 하신 진짜 이유가 무엇이라고 생각합니까?

_____

3. 40년 동안 광야 길을 걸어가는 이스라엘 백성들의 삶은 어떠했습니까?(3-4절) [39]

_____

> 3. 너를 낮추시며 너를 주리게 하시며 또 너도 알지 못하며 네 열조도 알지 못하던 만나를 네게 먹이신 것은 사람이 떡으로만 사는 것이 아니요 여호와의 입에서 나오는 모든 말씀으로 사는 줄을 네가 알게 하려 하심이니라

4. 당신이 광야 길에서 만난 하나님의 은혜를 생각해 보십시오. 그때 어떤 은혜가 당신에게 주어졌습니까?

_____

5. 그러한 고난의 삶을 통해 하나님이 백성들을 튜닝하기를 원하셨던 부분은 무엇입니까?(3-6절) [40]

_____

SUMMARY 요약하기

하나님께서 광야학교를 통해 백성들에게 튜닝하기 원하셨던 것은 〈I'm nothing〉을 배우게 하는 것입니다. 나는 아무것도 아니고 내 힘으로는 아무것도 할 수 없다는 사실을 배우는 것입니다. 그래야만 그들이 약속하신 땅 가나안에 들어갈 수 있었습니다.

어떠한 상황 속에서도 하나님의 말씀을 의지하고 나가는 법을 배우게 될 때 그들에게 가나안의 삶이 시작되는 것입니다. 결국 광야학교에서의 고난은 가나안땅을 위한 튜닝의 과정이었습니다.

D.L 무디 목사님은 모세의 생애를 이렇게 해석을 합니다. 왕궁에서 지낸 모세의 40년은 자신을 아주 특별한 사람(Something Special)으로 생각한 시간이었습니다.

그리고 광야로 도망가서 양을 치던 40년 동안은 나는 아무것도 아닌 존재(nothing)라는 것을 배우게 됩니다.

그 후 하나님의 부르심을 받고 하나님의 손에 붙잡힌 그의 마지막 40년은 하나님께서 들어 쓰시면 권능자, 능력자가 되어 모든 것(everything)을 할 수 있음을 배우는 시간이었습니다.

6. 결국 하나님께서 자기 백성들을 튜닝하심을 통해 주시고자 하는 것은 무엇입니까? (7-10절) 41)

_____

> 7. 네 하나님 여호와께서 너를 아름다운 땅에 이르게 하시나니 그 곳은 골짜기든지 산지든지 시내와 분천과 샘이 흐르고
> 8. 밀과 보리의 소산지요 포도와 무화과와 석류와 감람나무와 꿀의 소산지라
> 9. 네가 먹을 것에 모자람이 없고 네게 아무 부족함이 없는 땅이며 그 땅의 돌은 철이요 산에서는 동을 캘 것이라
> 10. 네가 먹어서 배부르고 네 하나님 여호와께서 옥토를 네게 주셨음으로 말미암아 그를 찬송하리라 (신명기 8:7-10))

광•야•튜•닝 50분

광야튜닝의 결론은 "하나님의 축복"입니다. 약속의 땅 가나안을 주시는 것입니다. 모자람도 부족함도 없는 하나님의 은혜를 주시려는 계획이 그곳에 있었습니다. 지금 우리가 당하는 고난의 뒤에는 하나님이 우리를 위해 준비하신 축복과 약속이 있다는 것을 기억해야 합니다.

그 고난이 어떤 사람에게는 실직, 시험에 불합격, 사랑하는 사람의 상실, 어떤 사람에게는 물질적인 고통, 병으로 인한 고통, 어떤 이에게는 자녀문제 등 수많은

고난을 경험했고, 또 그 고난 앞에 서있기도 합니다. 살다보면 우리 인생 앞에 광야가 없을 수 없습니다.

배를 타고 갈릴리 호수를 건너가던 제자들 앞에 강풍이 다가온 것처럼 우리 인생도 예상하지 못한 강풍과 광야로 인해 고통의 순간을 맞이합니다.

그러나 그 광야의 고난이 단순히 고통으로 끝나게 해서는 안됩니다.

광야에서 우리를 향한 하나님의 손길을 경험해야 합니다. 광야에서 길을 내시고 사막에서 강을 만드시는 하나님의 은혜를 보아야 합니다. 그것이 바로 하나님이 우리를 광야로 이끄신 목적입니다.

어쩌면 광야의 삶 뒤에 있는 약속의 땅도 중요하지만 지금 광야 속에 하나님의 손길에 주목할 수 있다면 우리는 더 큰 감격과 기쁨을 누릴 수 있습니다.

7. 하나님께서 광야를 통해 당신을 튜닝하기 원하셨던 부분은 무엇입니까?

SUMMARY 요약하기

하나님께서 광야로 이끄시는 이유는 광야튜닝을 하시기 위함입니다. 하나님께서 말씀으로 아무리 권고하셔도 애굽 땅에서 살아가는 백성들은 깨닫지 못하고 하나님의 말씀을 이해하지도 못합니다. 그래서 하나님은 그들을 광야로 이끌어내셨습니다.

광야는 세상에서 누리던 풍성함과 부유함은 사라지고 고통과 불편함을 느끼는 장소이지만 대신 세상의 소리로부터 자유한 곳입니다. 그 광야에서 세상의 소리가 아닌 하나님의 말씀을 듣고, 하나님의 말씀을 따라 사는 법을 가르치시고, 오직 하나님 한분만을 경외하며 살아가는 것을 알려주시려고, 이스라엘 백성들을 인도해 내셨습니다.

그러나 사람들은 또다시 광야의 고통과 불편함을 하소연하며 이스라엘백성들처럼 원망과 불평으로 인생을 얼룩지게 만들어버립니다. 광야는 하나님의 은혜가 흐르는 곳입니다. 광야에는 하나님의 손길과 흔적을 발견하는 곳입니다. 그래서 세례요한은 율법에만 얽매여 하나님을 잊어버리고 살아가는 백성들을 광야로 불러내어 하나님을 그들에게 보여주기를 원했습니다. 광야튜닝은 우리를 죽이기 위한 곳이 아니라 진정으로 사는 법을 우리에게 알려주시기 위한 하나님의 섭리이며 하나님의 은혜입니다.

🎧 Feedback 10분

오늘 과정을 통해 당신이 발견한 것은 무엇입니까? 세밀하게 말씀하시는 하나님의 음성에 귀를 기울여보십시오. 하나님은 당신에게 무엇을 말씀하시고 있습니까?

미션 과제
1. 큐티제출
2. 인생그래프 그리기

튜 · 닝 · 결 · 단

나는 튜닝이 필요합니다.

하나님의 말씀으로 나를 튜닝해 주옵소서.

나는 튜닝이 필요합니다.

튜닝으로 완성된 나의 모습을 보게 하옵소서.

나는 튜닝이 필요합니다.

튜닝되어 쓰임받는 인생이 되게 하옵소서.

생명튜닝

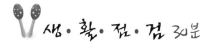

1. 생활점검표 – 생활점검표를 하면서 발견한 생활의 감사거리 혹은 간증거리를 나누어 보십시오.

_____

2. 큐티점검 – 한 주간 큐티를 하면서 발견한 하나님의 은혜와 하나님의 인도하심을 간증해보십시오.

_____

3. 미션나눔 – 인생그래프를 옆사람과 나누어 보십시오.

_____

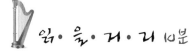

인디언 부락에서 선교하는 한 선교사님이 있었습니다. 어느 날 인디언

추장이 예수 그리스도를 구주로 영접하였고 그리스도 안에서 그의 삶이 변화되었습니다.

얼마 후 이 추장은 구원받은 것을 감사하기 위해서 예물을 가져왔습니다.

"선교사님, 주님께서 저에게 생명을 주셨으므로 그 은혜에 보답하고자 이 사슴 가죽을 하나님께 바치기를 원합니다."

선교사는 이 말을 듣고 조용히 대답해주었습니다.

"미안하지만 하나님은 이 사슴 가죽을 쓰실 수가 없습니다."

인디안 추장은 이 말을 듣고 실망하여 돌아가더니 얼마 후에 한 마리의 백마를 가지고 와서 또 자기의 소원을 이야기했습니다.

"선교사님, 이것은 이 부락에서 나와 아주 중요한 사람들만 타고 다니는 말인데 이것을 하나님께 바치고 싶습니다."

선교사는 이번에도 그 말을 하나님이 받으실 수가 없다고 했습니다.

그 다음에 추장은 뼈로 만든 머리장식을 가져왔습니다.

"이것은 추장의 상징입니다. 나, 추장의 권위와 명예까지도 다 주님께 바치기를 원합니다."

그것마저 거절당하자 추장은 심히 낙심하면서 물어보았습니다.

"그러면 내가 무엇을 바칠 수 있단 말입니까? 지금까지 나의 가장 귀중한 것을 다 바쳤습니다. 이제 제 생명밖에는 남지 않았습니다."

추장의 이 고백을 듣고 선교사는 "하나님은 바로 당신의 그 생명을 원하십니다!"라고 말하면서 성경을 펼쳐서 인디안 추장에게 이렇게 읽어주었습니다.

"나의 생명을 조금도 귀한 것으로 여기지 아니하노라"(사도행전 20:24).

● 이 이야기를 읽으면서 당신은 무엇을 느꼈습니까?

_____

● 하나님께서 만약 당신에게도 그것을 요구하신다면 당신은 어떻게 하겠습니까?

_____

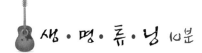

생·명·튜·닝 10분

생명튜닝은 하나님께서 생명을 담보로 우리의 삶을 튜닝하시는 방법입니다. 우리의 입장에서는 죽음과 같은 고통이며, 죽을 것 같은 상황입니다. 그러나 하나님의 입장에서는 우리의 생명은 손대지 않고 죽을 만큼의 고통과 어려움을 주셔서 우리를 다시 하나님께로 돌이키는 하나님의 방법입니다.

하나님의 말씀을 떠나 다시스로 도망치던 요나를 물고기 뱃속으로 던지신 것도 하나님의 생명튜닝이었고, 죽음과 같은 고통을 경험한 욥에게도, 모리아 산에서 자신의 하나밖에 없는 아들을 제물로 바쳐야만 했던 아브라함에게도, 소돔과 고모라 땅에서 건짐 받은 롯도, 그리고 이스라엘의 전성기를 이끌면서도 하나님을 떠났던 아합 왕도 모두 하나님의 생명튜닝의 대상이었습니다.

생명튜닝은 하나님께서 우리에게 주시는 마지막 기회이자 돌이켜서 다시 한 번 하나님의 손에 쓰임 받을 수 있는 기회입니다.

● 혹시 당신도 생명튜닝을 경험한 적이 있습니까?

___

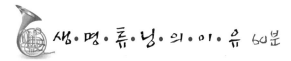

생·명·튜·닝·의·이·유 60분

1. _____ 42)

● 창세기 22장 1-13절을 읽으십시오.

> 1 그 일 후에 하나님이 아브라함을 시험하시려고 그를 부르시되 아브라함아 하시니 그가 이르되 내가 여기 있나이다
> 2 여호와께서 이르시되 네 아들 네 사랑하는 독자 이삭을 데리고 모리아 땅으로 가서 내가 네게 일러 준 한 산 거기서 그를 번제로 드리라
> 3 아브라함이 아침에 일찍이 일어나 나귀에 안장을 지우고 두 종과 그의 아들

이삭을 데리고 번제에 쓸 나무를 쪼개어 가지고 떠나 하나님이 자기에게 일러주신 곳으로 가더니

4 제삼일에 아브라함이 눈을 들어 그 곳을 멀리 바라본지라

5 이에 아브라함이 종들에게 이르되 너희는 나귀와 함께 여기서 기다리라 내가 아이와 함께 저기 가서 예배하고 우리가 너희에게로 돌아오리라 하고

6 아브라함이 이에 번제 나무를 가져다가 그의 아들 이삭에게 지우고 자기는 불과 칼을 손에 들고 두 사람이 동행하더니

7 이삭이 그 아버지 아브라함에게 말하여 이르되 내 아버지여 하니 그가 이르되 내 아들아 내가 여기 있노라 이삭이 이르되 불과 나무는 있거니와 번제할 어린 양은 어디 있나이까

8 아브라함이 이르되 내 아들아 번제할 어린 양은 하나님이 자기를 위하여 친히 준비하시리라 하고 두 사람이 함께 나아가서

9 하나님이 그에게 일러주신 곳에 이른지라 이에 아브라함이 그곳에 제단을 쌓고 나무를 벌여 놓고 그의 아들 이삭을 결박하여 제단 나무 위에 놓고

10 손을 내밀어 칼을 잡고 그 아들을 잡으려 하니

11 여호와의 사자가 하늘에서부터 그를 불러 이르시되 아브라함아 아브라함아 하시는지라 아브라함이 이르되 내가 여기 있나이다 하매

12 사자가 이르시되 그 아이에게 네 손을 대지 말라 그에게 아무 일도 하지 말라 네가 네 아들 네 독자까지도 내게 아끼지 아니하였으니 내가 이제야 네가 하나님을 경외하는 줄을 아노라

13 아브라함이 눈을 들어 살펴본즉 한 숫양이 뒤에 있는데 뿔이 수풀에 걸려 있는지라 아브라함이 가서 그 숫양을 가져다가 아들을 대신하여 번제로 드렸더라

1) 하나님께서 아브라함에게 요구하신 것은 무엇입니까?(2절)
   하나님께서 아브라함에게 생명을 요구하시는 이유는 무엇입니까? [43]

_____

SUMMARY 요약하기

  아브라함에게 주어진 명령은 자신이 가장 사랑하는 것을 하나님께 바치는 헌신에 대한 명령입니다. 아브라함에게 이삭은 100년 동안 기다려온 자신의 전부이며, 하나님의 약속의 후사입니다.

지금까지 아브라함은 많은 것을 내려놓았습니다. 본토 친척 아비 집을 내려놓았고, 기근으로 가지고 나온 많은 재산도 내려놓았습니다. 사랑하는 사람들도 내려놓았습니다. 조카 롯도, 이스마엘과 하갈, 그리고 자신이 파놓은 우물(들)도 내려놓았습니다. 그 정도도 보통사람들은 결코 하기 쉽지 않는 부분입니다. 그런데 하나님은 하나밖에 없는 아들의 생명까지도 내어놓으라고 하십니다. 완전한 내려놓음에 대한 훈련입니다.

돈은 없다가도 있을 수 있고, 사람은 잃어버리면 새로운 사람으로 대체하면 되지만 아브라함에게 자식이란 유일한 것이고 더 이상 가질 수 없는 것입니다.

2) 당신에게도 생명처럼 소중하게 생각하는 것이 있습니까?
  혹시 그것을 내려놓을 수 있습니까?(내려놓을 수 있다면 어떤 이유 때문인가요?
  내려놓을 수 없다면 어떤 이유 때문인가요?)

_____

3) 하나님께서 아브라함에게 생명튜닝을 하신 이유는 무엇입니까?(12절) [44]

_____

2. _____ [45)

● 욥기2장3-10절 말씀을 읽으십시오.

> 3 여호와께서 사탄에게 이르시되 네가 내 종 욥을 주의하여 보았느냐 그와 같이
>   온전하고 정직하여 하나님을 경외하며 악에서 떠난 자가 세상에 없느니라 네가
>   나를 충동하여 까닭 없이 그를 치게 하였어도 그가 여전히 자기의 온전함을 굳게
>   지켰느니라
> 4 사탄이 여호와께 대답하여 이르되 가죽으로 가죽을 바꾸오니 사람이 그의 모든
>   소유물로 자기의 생명을 바꿀지라
> 5 이제 주의 손을 펴서 그의 뼈와 살을 치소서 그리하시면 틀림없이 주를 향하여
>   욕하지 않겠나이까
> 6 여호와께서 사탄에게 이르시되 내가 그를 네 손에 맡기노라 다만 그의 생명은

해하지 말지니라

7 사탄이 이에 여호와 앞에서 물러가서 욥을 쳐서 그의 발바닥에서 정수리까지 종기가 나게 한지라

8 욥이 재 가운데 앉아서 질그릇 조각을 가져다가 몸을 긁고 있더니

9 그의 아내가 그에게 이르되 당신이 그래도 자기의 온전함을 굳게 지키느냐 하나님을 욕하고 죽으라

10 그가 이르되 그대의 말이 한 어리석은 여자의 말 같도다 우리가 하나님께 복을 받았은즉 화도 받지 아니하겠느냐 하고 이 모든 일에 욥이 입술로 범죄하지 아니하니라

1) 하나님과 사탄이 욥에게 확인하고 싶어하는 것은 무엇입니까? [46]

<hr>

SUMMARY 요약하기

하나님께서는 욥의 온전함을 세상가운데 보여주기 원하십니다. 그러나 사탄은 그가 온전하지 않음 즉 고난가운데 하나님을 향하여 욕하고 분노하는 모습을 세상가운데 보여주기를 원합니다. 그래서 하나님은 자신의 확신을 세상 속에 보여주시기 위해 사랑하는 욥을 사탄의 손에 맡기십니다. 생명을 손대지 않고 사탄이 그를 다루도록 하신 것입니다.

욥의 입장에서는 죽음과 같은 고통이었습니다. 몸의 질병, 자신의 모든 소유를 잃어버림, 사랑하는 사람들의 상실과 떠나감의 상황 속에서도 하나님은 욥이 자신의 온전함을 유지할 수 있는가를 보기를 원하십니다. 이것이 바로 생명튜닝입니다.

2) 성경이 말하는 욥의 온전함은 어떤 모습입니까?(10절) [47]

> 우스 땅에 욥이라 불리는 사람이 있었는데 그 사람은 온전하고 정직하여 하나님을 경외하며 악에서 떠난 자더라(욥기 1:1)
>
> 여호와께서 사탄에게 이르시되 네가 내 종 욥을 주의하여 보았느냐 그와 같이 온전하고 정직하여 하나님을 경외하며 악에서 떠난 자는 세상에 없느니라(욥기 1:8)
>
> 그들이 차례대로 잔치를 끝내면 욥이 그들을 불러다가 성결하게 하되 아침에 일어나서 그들의 명수대로 번제를 드렸으니 이는 욥이 말하기를 혹시 내 아들들이 죄를 범하여 마음으로 하나님을 욕되게 하였을까 함이라(욥기 1:5)

3) 생명튜닝에 대한 욥의 생각과 믿음은?(10절) [48]

> 내가 모태에서 알몸으로 나왔사온즉 또한 알몸이 그리로 돌아가올지라 주신 이도 여호와시요 거두신 이도 여호와시오니 여호와의 이름이 찬송을 받으실지니이다.
> (욥기 1:21)

TOGETHER Reading

욥이 하나님을 향한 온전함을 유지할 수 있었던 가장 큰 비결은 절대적인 믿음이었습니다. 그 믿음 속에는 복을 주시는 하나님이 화도 주신다는 것입니다. 주신 자도 여호와시기에 거두어 가시는 분도 여호와 하나님이시라는 것입니다.

지금 거두어가진 시점에서 주신 것을 볼 수 있는 것, 지금 화가 임한 시점에서 하나님이 주신 복을 돌아볼 수 있는 이것이 바로 욥의 믿음입니다. 이 믿음이 자신의 온전함을 지켜내었습니다. 정말 견디기 힘든 끔찍하고 참혹한 고통 속에서 그를 붙들어준 유일한 끈이었습니다.

철학자 키에르케고르는 말합니다. '절망의 반대말은 희망이 아니라 신앙'이라고 말합니다. 믿음만이 절망에 대한 안전한 해독제라는 것입니다.

4) 당신의 입장에서는 억울할 수 있지만 하나님은 당신의 온전함을 세상가운데 보여 주고 싶어하십니다. 하나님의 생명튜닝을 받을 준비가 되어 있습니까? 만약 생명 튜닝이 주어진다면 당신은 어떠한 반응을 보일 것 같습니까?

_____

SUMMARY 요약하기

하나님은 우리가 죽음의 문턱에 올라가는 고통과 아픔 속에서도 성도가 가져야 할 온전함을 유지하기를 원하십니다. 온전함이란 흠이 없이 완전함을 의미하는 말입니다.

하나님은 하나님을 향한 온전함으로 살아가는 성도들을 자랑하고 싶어하십니다. 그러나 사탄은 죽음과 같은 고통 앞에 서있는 성도들이 자신의 온전함을 무너뜨리고 하나님을 욕하고 세상을 비난하며 좌절하며 타협하는 것을 원합니다. 그리고 세상은 우리가 고통가운데 온전함을 유지하려고 하는 것이 무익하고 불필요한 것이라고 비난합니다. 그러나 욥은 모든 일에 입술로 범죄하지 아니하는 하나님을 향한 절대적인 믿음을 보여줍니다.

히브리서12장2절 말씀처럼 믿음의 주요 온전케 하시는 이인 예수를 바라보십시오. 예수님을 향한 우리의 믿음이 우리를 온전케 해줄 것입니다.

3. _____ [49)]

TOGETHER Reading

하나님께서는 요나를 부르시고 그에게 사명을 주십니다. 그 사명은 앗수르의 수도인 니느웨로 가서 하나님의 메시지를 전하는 것입니다. 그런데 요나의 마음속에는 자신들의 나라를 괴롭히는 니느웨만은 구원받도록 해서는 안된다는 민족주의적 사고로 가득찼습니다. 그래서 그는 니느웨로 가는 척하다 다시스로

가는 배를 타고 도망을 칩니다. 그때 하나님의 생명튜닝이 시작되었습니다.

하나님께서 큰 바람을 바다위에 불게 하시니 요나가 타고 가던 배에 큰 폭풍이 일어납니다. 배가 거의 깨어지게 되었습니다. 사람들은 배를 가볍게 하려고 자신들의 짐을 바다로 던지고 각자의 신을 부르기 시작합니다. 결국 누구로 말미암아 이 재앙이 시작되었는지를 알아보기 위해 실시한 제비뽑기에서 요나가 뽑히게 되었습니다. 요나는 자신이 하나님을 피함으로 인한 결과임을 알고 스스로 바다에 던져지기를 자청합니다.

● 요나서 2장1절–10절을 읽으십시오.

> 1 요나가 물고기 뱃속에서 그의 하나님 여호와께 기도하여
> 2 이르되 내가 받는 고난으로 말미암아 여호와께 불러 아뢰었더니 주께서 내게 대답하셨고 내가 스올의 뱃속에서 부르짖었더니 주께서 내 음성을 들으셨나이다
> 3 주께서 나를 깊음 속 바다 가운데에 던지셨으므로 큰 물이 나를 둘렀고 주의 파도와 큰 물결이 다 내 위에 넘쳤나이다
> 4 내가 말하기를 내가 주의 목전에서 쫓겨났을지라도 다시 주의 성전을 바라보겠다 하였나이다
> 5 물이 나를 영혼까지 둘렀사오며 깊음이 나를 에워싸고 바다 풀이 내 머리를 감쌌나이다
> 6 내가 산의 뿌리까지 내려갔사오며 땅이 그 빗장으로 나를 오래도록 막았사오나 나의 하나님 여호와여 주께서 내 생명을 구덩이에서 건지셨나이다
> 7 내 영혼이 내 속에서 피곤할 때에 내가 여호와를 생각하였더니 내 기도가 주께 이르렀사오며 주의 성전에 미쳤나이다
> 8 거짓되고 헛된 것을 숭상하는 모든 자는 자기에게 베푸신 은혜를 버렸사오나
> 9 나는 감사하는 목소리로 주께 제사를 드리며 나의 서원을 주께 갚겠나이다 구원은 여호와께 속하였나이다 하니라
> 10 여호와께서 그 물고기에게 말씀하시매 요나를 육지에 토하니라

1) 지금 요나의 현 상황을 나타내는 단어들을 찾아보십시오. 50)

2) 하나님이 요나를 죽음의 상황으로 내모신 이유가 무엇입니까? [51]

요나는 죽음 직전까지 간 후 "물이 나를 영혼까지 둘렀사오며 깊음이 나를 에워싸고 바다풀이 내 머리를 감쌌나이다. 내가 산의 뿌리까지 내려갔다"(요나 2:5)고 고백합니다. 그때 하나님은 큰 물고기를 준비하시고 그를 삼키도록 하십니다.

물고기 뱃속에서 하나님의 튜닝이 시작되었습니다. 그에게 회개할 기회를 주시고 잃어버렸던 사명의 길을 걷도록 하십니다. 그것이 생명튜닝입니다.

생명튜닝은 죽음의 자리에서 건짐 받는 것입니다. 요나는 하나님이 그를 죽음의 자리로 내모신 것은 바로 그의 영혼을 튜닝하시기 위함이었다는 것을 알게 됩니다. 그리고 그에게 못다한 사명이 있기에 살려주시고 튜닝해서 다시 사용하셨습니다. 다시 말해 내가 죽음의 자리에 던져졌지만 지금 살아있는 것은 하나님의 특별한 목적과 사명이 있음을 의미하는 것입니다.

3) 하나님이 당신에게 주신 사명은 무엇입니까?
그 사명의 길로 돌아오게 하시기 위해 하나님의 생명튜닝을 받은 적은 없습니까?

TOGETHER Reading

생명튜닝은 우리의 사명을 확인하는 시간입니다. 내게 주신 하나님의 목적대로 사는 것이 가장 완전한 삶입니다. 맥도널드는 이렇게 말했습니다.

"우리는 어떤 물건이 계획된 대로의 목적에 이바지하게 될 때 그 물건을 완전한 것이라고 말하게 됩니다. 그 물건을 고안한 사람이 목적한 대로의 일을 하게 된다면 그런 의미에서 그 물건은 완전한 것입니다."

하나님께서 다윗에게 "내 마음에 합한 자"(행13:22)라고 하셨습니다. 그렇다면 다윗이 과연 완전한 자요, 완벽한 자였을까요? 다윗도 부족한 점이 많았습니다. 그는 하나님 앞에서 여러 차례 범죄했습니다. 그러나 하나님께서는 다윗에게 "내 마음에 합한 자"라고 하시면서 "내 뜻을 다 이루게 하리라"고 말씀하셨습니다.(행 13:22)

왜 다윗이 하나님의 마음에 합한 자가 될 수 있었을까요?

그것은 하나님께서 그에게 맡겨주신 목적에 충실한 삶을 살았기 때문입니다.

우리 안에도 부족함이 가득합니다. 그럼에도 불구하고 나를 향하신 하나님의 목적과 뜻을 향하여 달려가면 하나님께서 우리를 온전하다고 말씀하십니다. 크고 작은 차원이 아닙니다. 많고 적음의 차이가 아닙니다. 나를 향하신 하나님의 목적과 뜻을 이루는 것입니다. 그것은 곧 하나님의 영광을 위해서 사는 것입니다.

러시아 문호 도스토예프스키는 28세 때 내란 음모 죄로 사형 선고를 받았습니다. 그는 영하 50도가 되는 겨울날 형장에 끌려와 기둥에 묶였습니다. 사형 집행 시간을 생각하며 시계를 보니 땅 위에서 살 수 있는 시간이 딱 5분 남아 있었습니다. 28년을 살아왔지만 단 5분이 이렇게 천금 같기는 처음이었습니다. 이제 5분을 어떻게 쓸까 생각해 보았습니다. 형장에 함께 끌려온 동료들에게 인사를 하는 데 2분, 오늘까지 살아온 인생을 생각하는 데 2분을 쓰기로 했습니다. 남은 1분은 이 시간까지 발붙이고 살던 땅과 자연을 둘러보는 데 쓰기로 했습니다.

작별 인사를 하는 데 2분이 흘렀습니다. 이제 삶을 정리하자니 문득 3분 뒤엔 어디로 갈 것인가 하는 생각이 들면서 눈앞이 캄캄하고 정신이 아찔했습니다. 다시 한 번만 살 수 있다면 순간순간을 정말 값지게 쓰련만! 이윽고 탄환을 장전하는 소리가 들렸습니다.

바로 그때였습니다. 형장이 떠들썩하더니 한 병사가 흰 수건을 흔들며 달려오고 있었습니다. 황제의 특사령(特赦令)을 받고 온 병사였습니다. 사형을 면한 도스토예프스키는 시베리아에서 유형 생활을 하는 동안 인생에 대해 깊이 생각하게 되었고, 「죄와 벌」, 「카라마조프가의 형제들」 같은 명작을 남겼습니다.

도스토예프스키가 그때 사형으로 죽지 않은 것은, 아직 하나님이 정하신 때가 이르지 않았기 때문일 것이며, 그분의 어떠한 목적과 계획이 있었기 때문일 것입니다. 우리가 지금 살아 있는 것도 같은 이유 때문입니다.

아직 당신을 통해 하나님이 하실 일이 있으시기 때문입니다. 주신 생명의 가치에 맞는 귀한 인생의 삶을 준비하십시오. 하나님은 당신의 온전함을 세상속에 보여주기를 원하십니다.

 Feedback 10분

오늘 과정을 통해 당신이 발견한 것은 무엇입니까? 세밀하게 말씀하시는 하나님의 음성에 귀를 기울여보십시오. 하나님은 당신에게 무엇을 말씀하시고 있습니까?

미션 과제

1. 큐티제출하기(일주일에 6일 분량)
2. 유서쓰기(흰색 A4용지)
3. 자신의 셀프튜닝 목록과 튜닝자화상 최종안 가져오기

튜 · 닝 · 결 · 단

나는 튜닝이 필요합니다.

하나님의 말씀으로 나를 튜닝해 주옵소서.

나는 튜닝이 필요합니다.

튜닝으로 완성된 나의 모습을 보게 하옵소서.

나는 튜닝이 필요합니다.

튜닝되어 쓰임받는 인생이 되게 하옵소서.

6 중간점검

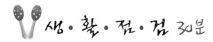 생·활·점·검 30분

1. 생활점검표 – 생활점검표를 하면서 발견한 생활의 감사거리 혹은 간증거리를 나누어 보십시오.

_____

2. 큐티점검 – 한주간 큐티를 하면서 발견한 하나님의 은혜와 하나님의 인도하심을 간증해보십시오.

_____

3. 미션나눔 – 당신의 유서를 옆사람에게 읽어주십시오.

_____

미국 역대 대통령 가운데 대통령직에서 물러난 뒤 더 크게 세계의 중심에 서 있는 사람이 있다면 그는 지미 카터일 것입니다. 사람들은 그를 향해 "지미 카터는 백악관을 디딤돌로 사용한 유일한 대통령"이라고 말합니다. 그는 '세계 평화의 사도' '세계의 양심'으로 불리며 갖가지 국제 분쟁의 해결사로서 일하고 있습니다. 또한 집 없는 사람들에게 무료로 집을 지어주는 세계적인 집짓기 운동(해비타트)을 펼쳐 수많은 나라의 봉사자들과 함께 하나님의 사랑을 몸소 실천하고 있습니다. 그는 "후회가 꿈을 대신하는 순간 우리는 늙게 된다."고 말했습니다. 그는 전반전보다 후반전을 더 잘 뛰고 있는 대표적 인물입니다.

하프타임은 인생을 축구 경기에 비유해 전반전과 후반전이라는 인생의 갈림길에서 '의미 찾기'를 하는 것입니다. 인생의 전환점인 하프타임은 자신의 삶을 돌아보고 새로운 도약을 위한 후반을 준비하는 시간입니다. 또한 하프타임은 자신이 달려온 삶과 앞으로 달려가야 할 후반전을 위한 작전타임의 시간인 셈입니다.

인생의 하프타임은 누구에게나 찾아옵니다. 그렇다면 하프타임 이후 후반전의 의미는 무엇입니까? '후반에 하는 경기'라는 개념이 적합합니다. 하프타임을 어떻게 보내느냐에 따라 인생의 후반 25년에서 30년을 얼마든지 황금기로 만들 수 있습니다. 마라톤의 목적은 42.195킬로미터 풀코스를 완주하는 것입니다. 마찬가지로 전반전을 달려온 우리에게 아직도 후반전이 남아 있습니다.

헤밍웨이는 "어떤 사람에게 있어 최악의 죽음은 자기 삶의 중심, 진실로 그를 현재의 그로 만들어주는 것을 상실하는 것이다. 그들에게 퇴직이란 말은 모든 말 중에서 가장 혐오스러운 단어"라고 말했습니다. 우리의 인생은 결코 퇴직이 없습니다. 중요한 것은 자신의 분명한 정체감과 목표를 잃지 않고 계속 목표를 점검하고, 방향이 바른가를 점검하고 전진하는 것입니다. 이것이 하프타임이

필요한 이유입니다. 〈박호근 − 하프타임 코리아 대표〉

● 하프타임은 중간점검을 의미하는 것입니다. 지난 6주간의 삶을 돌아보십시오. 어떻게 평가할 수 있습니까? 그리고 앞으로 다가올 후반전을 당신은 어떻게 준비해야 합니까?

 셀프튜닝목록·튜닝자화상 20분

● 지난 6주 동안 작성한 셀프튜닝 목록과 튜닝자화상을 조별로 나누어 보십시오. 처음 작성할 때와 지금을 비교해 볼 때 튜닝 된 이후 자화상의 모습에 얼마나 근접해 있습니까? 당신이 지금 집중해야 할 부분은 무엇입니까?

나의 영적 건강 체크 리스트 50분

● 지시사항 : 다음 각 사항에 내가 어디에 속해 있는지(희망사항이 아니다)를 나타내는 숫자에 원을 그리십시오. "0"은 그 분야에 실패한 것을 나타냅니다. "9"는 그 분야에 성공하는 것이 습관이 된 것을 의미합니다. 다른 사람의 결과를 볼 필요는 없습니다. 자신과 하나님과의 문제입니다. 자신을 하나님 앞에 정직하게 나타내 봅시다.

1. 감사 : 다른 사람들이 내게 한 것에 대하여 다른 사람들과 하나님께 감사하는 것이 습관화가 되어 있다. 나는 정직하게 감사하는 사람이고 감사를 자주 표현하고 있다고 자신있게 말할 수 있다.

0   1   2   3   4   5   6   7   8   9

2. 친절 : 나는 이기적인 동기에서 성을 내고 분노를 폭발하는 것으로부터 자유로운 삶을 산다. 다른 사람들이 사귀기 쉬우며 그들의 청을 쉽게 들어주고 성품이 조용하고 비평에 귀를 기울인다. 다른 사람들이 나의 잘못을 고쳐 주거나 책망할 때에 방어적이 되지 않는다.

0   1   2   3   4   5   6   7   8   9

3. 겸손 : 나는 자신에 대하여 너무 잘났다고 생각하지 않으며 항상 다른 사람들이 나보다 낫다고 생각한다. 나는 늘 배울 자세가 되어 있으며 자랑하거나 유명한 사람의 이름을 자기 친구처럼 부르거나 영적인 교만을 부리지 않는다.

0   1   2   3   4   5   6   7   8   9

4. 순수한 태도 : 어떤 목적을 가지고 사람을 대하지 않고 순순하고 진실하게 사람들과 좋은 관계를 유지한다. 이 지구상 어느 곳에도 내가 싫어하거나, 나에게 악의를 품은 마음을 가지고 있는 사람은 없다.

0   1   2   3   4   5   6   7   8   9

5. 온유 : 사람들이 내게 대하여 나쁜 생각을 가지고 악한 동기에서 비난하고 힐난하며 배척하고 불만할 때에라도 싸우지 않는다. 그들의 분노를 바꾸기 위해서 부드럽게 대답한다.

0   1   2   3   4   5   6   7   8   9

6. 화평 : 따돌림 당하고 있는 사람들에게 늘 화평을 촉구한다. 항상 화평을 추구하는 데에 힘을 쓰지 가만히 앉아 있어 불화가 더욱 곪도록 하지는 않는다.

0   1   2   3   4   5   6   7   8   9

7. 담대함 : 나는 하나님을 위하여 모험을 하고 일을 시작한다. 하나님이 무슨 일을
   하라고 부르실 때에 두려움을 극복하고 모험을 함으로써 순종한다. 하나님이
   하라고 부르시는 일을 두려움 때문에 거절하는 것들이 현재 나의 삶에는 하나도
   없다.

0   1   2   3   4   5   6   7   8   9

8. 동정심으로 행동함 : 나는 도움이 필요한 사람들을 돌보아 줄 기회를 찾는다.
   병든 사람들을 방문하고, 노인들을 돕고, 감옥을 방문하며, 헐벗은 자에게 옷을
   주며, 집이 없는 자들에게 거주지를 제공한다. 이웃에 대한 동정심과 긍휼의
   마음으로 행동한다.

0   1   2   3   4   5   6   7   8   9

9. 신뢰 : 나는 하나님을 믿을 뿐만 아니라 하나님의 눈이 항상 나를 향하고 있음을
   믿는다. 나의 삶은 온전히 하나님을 신뢰한다. 그래서 나는 미래에 대하여
   초조해하거나 염려하거나 걱정하지 않는다.

0   1   2   3   4   5   6   7   8   9

10. 끈기 : 내가 고통과 어려움과 박해를 받는다 할지라도 일들이 어렵게 되고
    압박을 받으며 보상이 없을 때에도 끝까지 잘 견딘다. 나는 끈기가 있어 쉽게
    포기하지 않으며 계속해서 앞으로 나아간다.

0   1   2   3   4   5   6   7   8   9

11. 조화 : 나는 교회에서나 일터에서 그리고 가정에서 작당하여 언쟁을 하거나 불화하거나 다투거나 이간질을 함으로써 죄를 짓는 일들에 참여하지 않는다.

0   1   2   3   4   5   6   7   8   9

12. 복종 : 나는 권위에 있는 자들이 나보다 덜 효과적이고 능력이 없더라도 그들을 무시하거나 반항하지 않는다.

0   1   2   3   4   5   6   7   8   9

13. 올바른 관계 : 과거와 현재의 모든 인간관계를 고려해 볼 때에 어떤 사람과 파괴된 관계를 고치려고 애써본 적이 한 번도 없을만큼 좋은 인간관계를 가지고 있다.

0   1   2   3   4   5   6   7   8   9

14. 구제 : 나는 정기적으로 교회, 가난한 사람들, 집이 없는 사람, 의지할 데 없는 사람, 과부, 고아와 도움이 필요한 다른 사람들에게 너그럽게 바치고 주는 삶을 산다.

0   1   2   3   4   5   6   7   8   9

15. 가정 시간 : 일, 자신의 쾌락과 다른 활동들에 시간을 너무 빼앗겨서 가정이 소홀히 되는 것을 막기 위해 나의 시간을 다스리는 편이다. 내 삶의 우선권은 가정 식구들과 함께 시간을 보내는 것이고 현재 그렇게 살고 있다.

0   1   2   3   4   5   6   7   8   9

16. 용서 : 과거에 내게 상처를 준 개인이나 그룹이 있으면, 나는 그들에게 분노나 쓴 마음, 또는 악한 마음을 품고 있지 않는다. 내게 상처를 준 사람들을 모두 완전히 용서해 준다.

0   1   2   3   4   5   6   7   8   9

17. 복구 : 나는 다른 그리스도인들이 죄악에 사로잡힐 때에 나의 일처럼 마음이 아프다. 그들을 피하거나 배척하지 않는다. 나는 종종 겸손한 마음으로 그들과 함께 하여 그들이 영적으로 설 수 있도록 도와준다.

0   1   2   3   4   5   6   7   8   9

18. 보상 : 이전에 다른 사람에게 속하는 물건을 취했거나 내가 한 말이나 행동으로 다른 사람에게 상처를 주었으면 하나님께서 내게 생각나게 하실 때에 즉시 가서 모든 것을 다 보상했다.

0   1   2   3   4   5   6   7   8   9

19. 물질주의를 배척함 : 나는 현 시대의 문화를 따라 더욱 더 많은 물질을 소유하고자 하는 삶의 스타일을 배척한다. 나는 현재 내가 가지고 있는 것으로 감사하며 만족하는 삶을 살고 있다. 항상 "더 소유하기"를 원하는 삶을 살지는 않는다.

0   1   2   3   4   5   6   7   8   9

20. 도적질하지 않기 : 아무리 사소하다 할지라도 다른 사람의 것을 가져오지 않으려고 아주 조심한다.

0   1   2   3   4   5   6   7   8   9

21. 이기적인 야망 : 나는 다른 사람이 성공할 때에 질투하거나 부러워하거나 이기적인 야망을 품지 않는다. 개인적으로 권력을 행사하고 높은 지위를 얻기 위하여 항상 최고의 위치에 도달하려고 갈망하지는 않는다.

0   1   2   3   4   5   6   7   8   9

22. 영적 친근감 : 매일 성경을 읽고 기도함으로써 하나님과 정기적인 시간을 가지고 있다. 그럴 뿐만 아니라 하루 종일 예수님과 함께 하는 삶을 산다. 숨을 쉬는 것처럼 항상 주님의 임재를 느낀다.

0   1   2   3   4   5   6   7   8   9

23. 사고방식 : 나는 모든 불경건한 생각으로부터 자유로운 삶을 살고 있다. 죄악으로 이끄는 성적인 환상과 공상을 생활 가운데서 늘 이기는 삶을 산다.

0   1   2   3   4   5   6   7   8   9

24. 나무랄 데 없는 삶 : 나는 이성과의 관계를 아주 조심스럽게 다룸으로써 불필요한 오해나 문제가 생기지 않도록 늘 자신을 잘 관리한다. 나는 최선을 다해 성적인 욕망을 품게 될 환경들을 피하며, 다른 사람들의 잡담gossip의 대상이 될 수 있는 것을 피한다. 감정적으로 다른 이성과 연관되어서 어려움에 직면할 수 있는 경우가 현재는 하나도 없다.

0   1   2   3   4   5   6   7   8   9

25. 진실성 : 나는 진실을 반쯤 말하거나 해도 괜찮다는 거짓말을 하거나 아첨이나 과장을 전혀 하지 않는다. 내가 하는 말 가운데서 절대적으로 정직을 고수한다.

0   1   2   3   4   5   6   7   8   9

26. 말버릇 : 나는 중상, 잡담, 잔인한 말, 불친절한 말, 남을 씹는 말, 신랄한 비난, 외설, 어리석은 말과 조잡한 농담을 피한다. 그런 말을 하는 대신에 나는 이웃을 세워 주며, 격려, 위로, 도움, 영감과 도전을 주는 말을 한다.

0   1   2   3   4   5   6   7   8   9

27. 시간 사용 : 나는 시간을 잘 사용한다. 나는 그리스도와 친밀한 생활을 함으로써 예수님의 우선권이 나의 삶의 우선권이 된다. 나는 텔레비전을 너무 많이 보거나 시간을 소비하는 다른 활동들을 함으로써 시간을 뺏기지 않는다.

0   1   2   3   4   5   6   7   8   9

28. 눈 조심 : 나는 보는 것을 통하여 내 마음에 속된 것들이 들어오는 것을 철저히 막는다. 내게 도덕적으로 문제를 일으킬 수 있는 가능성이 있는 영화, 잡지, 비디오나 텔레비전 프로그램을 피한다.

0   1   2   3   4   5   6   7   8   9

29. 복음 증거 : 주님께서 나를 움직이실 때마다 나는 불신자들과 복음을 나눈다. 전도하는 것이 나의 삶의 습관이다.

0   1   2   3   4   5   6   7   8   9

30. 영적 갈망 : 나는 예수님을 더욱 더 닮아가고자 갈망하고 있으며 영적 성장을 아주 중요하게 간주한다. 위에 열거한 내용들을 포함해서 내가 부족한 분야를 무시하거나 삭제하거나 변명하지 않는다. 나는 더욱 더 그리스도를 닮아가고자 하는 간절한 열정이 있다.

0   1   2   3   4   5   6   7   8   9

1. 내가 지금 잘 하고 있는 분야들은?(높은 점수 순으로)

   1) _____   2) _____

   3) _____   4) _____

   5) _____

2. 내가 튜닝이 필요한 분야들은?(낮은 점수 순으로)

   1) _____   2) _____

   3) _____   4) _____

   5) _____

상대방 영적 건강 체크하기 60분

● 영적 건강 체크리스트(상호)

지시사항 : 다음 각 사항에 해당하는 사람을 선택하되 출석한 사람가운데서 2명씩만 선택하십시오. 왜 그 사람이 그 항목에 해당되는지를 설명할 수 있어야 합니다. 다한 후에 각 항목별 베스트를 찾아 보십시오.

1. 감사 : 사람들이 자신에게 한 것에 대하여 다른 사람들과 하나님께 감사하는 것이 습관화가 되어 있다. 이 사람은 정직하게 감사하는 사람이고 감사를 자주 표현하고 있다고 자신있게 말할 수 있다.

_____

2. 친절 : 이 사람은 이기적인 동기에서 성을 내고 분노를 폭발하는 것으로부터 자유로운 삶을 산다. 다른 사람들이 사귀기 쉬우며 그들의 청을 쉽게 들어주고 성품이 조용하고 비평에 귀를 기울인다. 다른 사람들이 자기의 잘못을 고쳐 주거나 책망할 때에 방어적이 되지 않는다.

_____

3. 겸손 : 이 사람은 자신에 대하여 너무 잘났다고 생각하지 않으며 항상 다른 사람들이 나보다 낫다고 생각한다. 이 사람은 늘 배울 자세가 되어 있으며 자랑하거나 유명한 사람의 이름을 자기 친구처럼 부르거나 영적인 교만을 부리지 않는다.

_____

4. 순수한 태도 : 이 사람은 어떤 목적을 가지고 사람을 대하지 않고, 순수하고 진실하게 사람들과 좋은 관계를 유지한다. 이 지구상 어느 곳에도 자신이 싫어하거나, 악의를 가진 마음을 품고 있는 사람은 없다.

_____

5. 온유 : 이 사람은 사람들이 자기 자신에게 대하여 나쁜 생각을 가지고 악한 동기에서 비난하고 힐난하며 배척하고 불만을 가질 때에라도 싸우지 않는다. 그들의 분노를 바꾸기 위해서 부드럽게 대답한다.

6. 화평 : 이 사람은 따돌림 당하고 있는 사람들에게 늘 화평을 촉구한다. 항상 화평을 추구하는 데에 힘을 쓰지 가만히 앉아 있어 불화가 더욱 곪도록 하지는 않는다.

7. 담대함 : 이 사람은 하나님을 위하여 모험을 하고 일을 시작한다. 하나님이 무슨 일을 하라고 부르실 때에 두려움을 극복하고 모험을 함으로써 순종하며 두려움 때문에 거절하는 것들이 현재 이 사람의 삶에는 하나도 없다.

8. 동정심으로 행동함 : 이 사람은 도움이 필요한 사람들을 돌보아 줄 기회를 찾는다. 병든 사람들을 방문하고, 노인들을 돕고, 감옥을 방문하며 헐벗은 자에게 옷을 주며, 집이 없는 자들에게 거주지를 제공한다. 이웃에 대한 동정심과 긍휼의 마음으로 행동한다.

9. 신뢰 : 이 사람은 하나님을 믿을 뿐만 아니라 하나님의 눈이 항상 그를 향하고 있음을 확신한다. 이 사람의 삶은 온전히 하나님을 신뢰한다. 그래서 또한 미래에 대하여 초조해 하거나 염려하거나 걱정하지 않는다.

10. 끈기 : 이 사람은 고통과 어려움과 박해를 받는다 할지라도, 주어진 일들이 어렵게 되고 압박을 받으며, 보상이 없을 때에도 끝까지 잘 견딘다. 이 사람은

끈기가 있어 쉽게 포기하지 않으며 계속해서 앞으로 나아간다.

11. 조화 : 이 사람은 교회에서나 일터에서 그리고 가정에서 작당하여 언쟁을 하거나 불화하거나 다투거나 이간질을 함으로써 죄를 짓는 일에 참여하지 않는다.

12. 복종 : 이 사람은 권위에 있는 자들이 나보다 덜 효과적이고 능력이 없더라도 그들을 무시하거나 반항하지 않는다.

13. 올바른 관계 : 이 사람의 과거와 현재의 모든 인간관계를 고려해 볼 때에 어떤 사람과 파괴된 관계를 고치려고 애써본 적이 한번도 없을 만큼 좋은 인간관계를 가지고 있다.

14. 구제 : 이 사람은 정기적으로 교회, 가난한 사람들, 집이 없는 사람, 의지할 데 없는 사람, 과부, 고아와 도움이 필요한 모든 사람들에게 너그럽게 내어 주는 삶을 산다.

15. 가정 시간 : 일, 자신의 쾌락과 다른 활동들에 시간을 너무 빼앗겨서 가정에 시간을 못 내는 일이 없도록 이 사람은 시간을 다스리는 것이 자기의 일상생활이다. 이 사람의 삶의 우선권은 가족들과 함께 시간을 보내는 것이고 현재 그렇게 살고 있다.

16. 용서 : 과거에 자기 자신에게 상처를 준 개인이나 그룹이 있더라도, 이 사람은 그들에게 분노나 쓴 마음, 또는 악한 마음을 품지 않는다. 자기 자신에게 상처를 준 사람들을 모두 완전히 용서해 준다.

17. 복구 : 이 사람은 다른 그리스도인들이 죄악에 사로잡힐 때에 자기 일처럼 아파한다. 그들을 피하거나 배척하지 않는다. 이 사람은 종종 겸손한 마음으로 그들과 함께 하여 그들이 영적으로 설 수 있도록 도와준다.

18. 보상 : 이전에 다른 사람에게 속하는 물건을 취했거나 자신이 한 말이나 행동으로 다른 사람에게 상처를 주었으면 하나님께서 생각나게 하실 때에 즉시 가서 모든 것을 다 보상했다.

19. 물질주의를 배척함 : 이 사람은 현 시대의 문화를 따라 더욱 더 많은 물질을 소유하고자 하는 삶의 스타일을 배척한다. 이 사람은 현재 가지고 있는 것으로 감사하며 만족하는 삶을 살고 있다. 항상 "더 소유하기"를 원하는 삶을 살지는 않는다.

20. 도적질하지 않기 : 아무리 사소하다 할지라도 다른 사람의 것을 가져오지 않으려고 아주 조심한다.

21. 이기적인 야망 없음 : 이 사람은 다른 사람이 성공할 때에 질투하거나 부러워하거나 이기적인 야망을 품지 않는다. 개인적으로 권력을 행사하고 높은 지위를 얻기 위하여 항상 최고의 위치에 도달하려고 갈망하지는 않는다.

22.영적 친근감 : 매일 성경을 읽고 기도함으로써 하나님과 정기적인 시간을 가지고 있다. 그럴 뿐만 아니라 하루 종일 예수님과 함께 하는 삶을 산다. 숨을 쉬는 것처럼 항상 주님의 임재를 느낀다.

23.사고방식 : 이 사람은 모든 불경건한 생각으로부터 자유로운 삶을 살고 있다. 죄악으로 이끄는 성적인 환상과 공상을 생활 가운데서 늘 이기는 삶을 산다.

24.나무랄 데 없는 삶 : 이 사람은 이성과의 관계를 아주 조심스럽게 다룸으로써 불필요한 오해나 문제가 생기지 않도록 늘 자신을 잘 관리한다. 이 사람은 최선을 다해 성적인 욕망을 품게 될 환경들을 피하며 다른 사람들의 잡담(gossip)의 대상이 될 수 있는 것을 피한다. 감정적으로 다른 이성과 연관되어서 어려움에 직면할 수 있는 경우가 현재는 하나도 없다.

25.진실성 : 이 사람은 진실을 반쯤 말하거나 해도 괜찮다는 거짓말을 하거나 아첨이나 과장을 전혀 하지 않는다. 내가 하는 말 가운데서 절대적으로 정직을 고수한다.

26.덕을 세우는 말 : 이 사람은 중상, 잡담, 잔인한 말, 불친절한 말, 남을 씹는 말, 신랄한 비난, 외설, 어리석은 말과 조잡한 농담을 피한다. 그런 말 대신에 이웃을 세워 주며, 격려, 위로, 도움, 영감과 도전을 주는 말을 한다.

27. 시간 사용 : 이 사람은 시간을 잘 사용한다. 그리스도와 친밀한 생활을 함으로써 예수님의 우선권이 자신의 삶의 우선권이 된다. 이 사람은 텔레비전을 너무 많이 보거나 시간을 소비하는 다른 활동들로 시간을 뺏기지 않는다.

_____

28. 눈 조심 : 이 사람은 보는 것을 통하여 내 마음에 속된 것들이 들어오는 것을 철저히 막는다. 자기 자신에게 도덕적으로 문제를 일으킬 수 있는 가능성이 있는 영화, 잡지, 비디오나 텔레비전 프로그램을 피한다.

_____

29. 복음 증거 : 주님께서 마음을 주실 때마다 이 사람은 불신자들과 복음을 나눈다. 전도하는 것이 삶의 습관이다.

_____

30. 영적 갈망 : 이 사람은 예수님을 더욱더 닮아 가고자 갈망하고 있으며 영적 성장을 아주 중요하게 간주한다. 위에 열거한 내용들을 포함해서 자신에게 부족한 분야를 무시하거나 삭제하거나 변명하지 않는다.

_____

〈국제제자훈련원 홈페이지에서 인용〉

 Feedback 10분

오늘 과정을 통해 당신이 발견한 것은 무엇입니까? 세밀하게 말씀하시는 하나님의 음성에 귀를 기울여보십시오. 하나님은 당신에게 무엇을 말씀하시고 있습니까?

상대방 영적 건강 체크하기

튜 · 닝 · 견 · 단

나는 튜닝이 필요합니다.

하나님의 말씀으로 나를 튜닝해 주옵소서.

나는 튜닝이 필요합니다.

튜닝으로 완성된 나의 모습을 보게 하옵소서.

나는 튜닝이 필요합니다.

튜닝되어 쓰임받는 인생이 되게 하옵소서.

7 언어튜닝

♥ 생 · 활 · 점 · 검 30분

1. 생활점검표 – 생활점검표(미션)와 큐티를 하면서 발견한 생활의 감사거리 혹은 간증거리를 나누어 보십시오.

_____

2. 큐티점검 – 한주간 큐티를 하면서 발견한 하나님의 은혜와 하나님의 인도하심을 간증해보십시오.

_____

3. 미션나눔 – 상대방 영적 건강체크하기 결과 나눔

_____

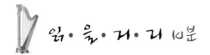
서부아프리카 어느 부족에서 전해오는 이야기입니다.

부족의 마을에 소의 우유의 양이 줄어드는 것을 보고, 그 원인을 찾기 위해 청년 하나가 보초로 자원하였습니다. 계속 암소 무리떼를 지키던 중 그는 한밤중에 진귀한 장면을 목격하였습니다. 하늘나라에서 선녀가 달빛을 타고 내려와 우유를 짜서 통에 담더니 다시 달빛을 타고 하늘로 올라가는 것이었습니다. 그 청년 목동은 다음날도 하늘에서 내려와 우유를 담아가려는 선녀를 붙잡고 "오 아름다운 선녀여, 나와 결혼해 주십시오."라고 간청했습니다. 그러자 선녀가 "당신과 결혼하겠어요. 하지만 그 전에 저를 사흘 동안 하늘의 집으로 보내주세요. 결혼 준비를 해야 하니까요."라고 말했고 청년은 그 부탁을 기꺼이 들어주었습니다.

사흘 후 돌아온 선녀는 큼직한 상자를 건네주며 말했습니다.

"당신의 아내가 되어서 당신을 행복하게 해 드리겠어요. 하지만 한 가지, 이 상자 속을 절대로 들여다보지 않겠다고 약속하셔야 합니다. 이 상자 속에는 저에게 가장 소중한 것이 들어 있답니다."

두 사람은 몇 달 동안 아주 행복한 시간들을 보냈습니다. 그러던 어느 날, 아내가 밖에 나간 사이에 그 남자는 그만 호기심에 굴복하여 그 상자를 열어보고 말았습니다. 그런데 상자는 텅 비어 있는 것이었습니다.

집에 돌아온 선녀는 자신을 의심스럽게 쳐다보는 남편에게 말했습니다.

"상자를 열어 보셨군요. 그렇죠? 어떠한 일이 있어도 절대로 열어보지 않겠다고 약속하지 않으셨던가요?"

남자가 퉁명스럽게 말했습니다.

"아니, 나는 또 그 안에 뭔가 대단한 게 들어 있는 줄 알았소. 그런데 정작 그 안을 보니 텅 비어 있더군. 그까짓 빈 상자를 좀 들여다보았기로 뭐가 그리 잘못이란 말이오? 잘못한 건 오히려 나를 속인 당신이 아닌가?"

그 말을 듣는 순간 선녀는 비통한 얼굴로 남편을 바라보다가 방안으로 들어가서는 문을 걸어 잠그고 며칠 동안이나 식음을 전폐하며 흐느껴 울었습니다. 남편이 바깥에서 분노하여 외쳤습니다.

"도대체 내가 뭘 잘못했단 말이오? 언젠가는 내가 그걸 열어 보리라는 걸 당신도 알고 있었다고 하지 않았소?"

그녀는 울며 대답했습니다.

"제가 괴로워하는 것은 당신이 상자를 열었기 때문이 아니에요. 물론 언젠가는 열어보시리라고 생각했어요. 하지만 제가 이토록 가슴 아파하는 까닭은, 당신이 그것을 '빈 상자'라고 말씀하셨기 때문이에요. 그 상자는 비어 있지 않았어요. 거기엔 하늘이 가득 들어 있었답니다. 마지막으로 하늘의 집에 갔을 때, 난 내게 가장 소중한 것들을 담았지요. 내가 어디에서 왔는지를 일깨우기 위해서요. 그런데 내게 가장 소중한 바로 그것이 당신에겐 아무 의미도 없는 공백이라니 제가 어떻게 슬퍼하지 않을 수 있겠어요?"

그 이후로 선녀는 오랫동안 슬퍼하며 시름시름 앓던 중 어느 날 하늘에서 다른 선녀들이 내려와 그녀를 데리고 가고 말았습니다.

단지 말 한 마디의 실수였습니다. 하늘이 고향인 아내에게 있어 너무나 귀중한 것이 담긴 그 상자를 '그까짓 빈 상자'라고 말했던 것이 그녀에게 돌이키기 힘든 상처가 되었던 것입니다. 남편은 애초에 선녀가 그 상자 안에 '자신에게 가장 소중한 것'이 들어 있노라는 말을 기억했어야 했습니다. 그것을 열었을 때 설령 자기 눈에 아무 것도 보이지 않았을지라도 자신의 아내를 진정으로 사랑하고 신뢰하였더라면 그토록 섣불리 '그까짓 빈 상자'라고 비아냥대진 않았을 것입니다. '빈 상자'와 '보물 상자'의 차이가 결국 그들의 삶을 갈라놓았습니다.

● 이 이야기를 읽으면서 당신은 무엇을 느꼈습니까?

_____

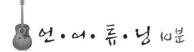 **언·어·튜·닝** 10분

언어튜닝이란 말에 실수를 하지 않기 위해 방어적인 언어습관을 가지는 것이 아닌 하나님의 말씀으로 삶과 마음을 변화시켜 근본적인 언어를 바꾸어가는 믿음의 결단을 의미합니다.

● 당신이 자주 하는 말실수는 무엇입니까?
기억에 남는 당신의 명언이나 기억에 남는 말실수 경험을 나누어 봅시다.

튜·닝·되·어·야·할·언·어 20분

1. _____ 52) 를 건드리는 말

TOGETHER Reading

한비자가 쓴 〈세난편〉에 보면 역린지화(逆鱗之禍)라는 말이 나옵니다. "용이란 동물은 성격이 유순한지라 잘 부리면 타고 다닐 수 있는데 용의 목덜미 아래에는 한 자쯤 되는 비늘이 거꾸로 나있다"고 합니다. 이것이 역린인데 만약 누가 이걸 건드리면 용은 성을 내어 그 사람을 죽여 버린다고 합니다.

사람들은 누구나 다 자기 나름대로의 역린을 가지고 있습니다. 이 역린은 요즘말로 '핵심 콤플렉스' 라고 바꾸어 말할 수 있습니다. 사람들마다 가지고 있는 핵심콤플렉스를 건드리면 안됩니다. 우리는 자주 다른 사람들의 역린 즉 핵심 콤플렉스를 건드리면서도 아무렇지 않게 살아가고 있습니다.

● 당신의 역린(핵심 콤플렉스)은 무엇입니까? 당신은 어떤 말을 들을 때 분노가 일어납니까? 당신은 누군가의 역린을 아무렇지도 않게 건드리고 있지 않습니까?

---

2. ＿＿＿＿＿＿＿ 53)

뒷담화란 담화(談話)와 우리말의 뒤(後)가 합쳐져 생긴 명사 합성어로 보통 남을 헐뜯거나 듣기 좋게 꾸며 말한 뒤 뒤에서 하는 험담을 의미합니다.

뒷담화의 유익

뒷담화를 통해 사람들은 스트레스가 해소되고 험담 대화를 나누기 때문에 누군가와 빨리 친해지며 다른 사람을 비하시키면 자신의 자긍심이 높아진다고 생각합니다. 그래서 사람들은 이 뒷담화의 유혹을 뿌리치지 못합니다.

직장인 35% "상사 뒷담화 들켜 고생한 적 있다"

직장인 10명 중 8명은 직장에서 말실수를 한 경험이 있고, 유형으로는 '뒷담화형'이 가장 많은 것으로 조사됐다. 취업·인사포털 인크루트(www.incruit.com)는 직장인 518명을 대상으로 직장 생활하면서 크게 말실수를 한 경험이 있는지에 대해 물었더니 84.2%의 응답자가 말실수 경험이 있다고 답했다고 밝혔다.

직장인들이 가장 후회하는 말실수 (복수응답) 1위는 '쟤 정말 짜증나'처럼 뒤에서 상사나 직장동료 등에 대해 험담이나 욕을 했다가 구설수에 올랐다는 '뒷담화형'(34.7%)으로 나타났다. 또 '나 때려칠래' 등 회사를 관둔다는 말을 수시로 하는 '퇴사 남발형'(23.6%), 잘 모르는 일을 아는 척했다 망신당한 경험이 있다는 '유식뽐냄 망신형'(20.4%) 등도 적지 않았다. 이어 '호칭실수형'(13.1%), '육두문자형'(11.0

%), '위기모면 거짓말형'(6.7%), '연령착각형'(3.7%), 기타(7.2%) 등의 순으로 나타났다.

말실수로 인해 업무나 회사 생활에 영향을 받은 적이 있느냐는 질문에는 66.2%가 그렇다고 답했다. 그 영향으로는 '회사 내에서 이미지가 나빠졌다'(39.2%)는 응답이 가장 많았다. 이어 '나에 대한 좋지 않은 소문이 돌았다'거나(16.4%), '상대로부터 미움을 사서 회사 생활이 어려워졌다'(14.3%), '기타'(12.5%) 순으로 답했다. 특히 '업무 협조를 받지 못하거나 제외 당했다'(9.5%), '직접적으로 인사고과에 영향이 있었다'(8.1%)는 응답도 있었다.

(중앙일보 2010.10.05 기사 중에서)

뒷담화의 손실

뒷담화를 통해 우리는 얻는 것보다 잃는 것이 더 많습니다.

1) 험담할 때 발생하는 가장 큰 손실은 뒷담화하는 사람의 마음이 부정적인 생각으로 채워집니다. 실제로 다른 사람을 비난하고 나서 기분이 좋아지기보다 나빠진다고 말하는 사람이 더 많습니다.

2) 험담을 들어주는 사람의 입장에서 처음에는 귀가 솔깃해서 들어줄지는 몰라도 험담이 반복되면 그 험담하는 사람을 가까이 해서는 안되겠다는 생각을 가지게 됩니다. '분명히 이 사람이 다른 사람 앞에서 내 욕을 저렇게 하겠지'라는 생각이 들기 때문입니다.

3) 만약 내가 했던 험담을 당사자가 듣게 된다면 그 사람은 심한 배신감을 느끼게 될 것입니다. 제삼자를 통해 들은 칭찬은 최고의 기쁨이지만 제삼자를 통해 들은 험담은 최악의 기분입니다.

● 지난 주간 나는 누군가의 뒷담화를 한 적이 (있다. 없다.)

● 뒷담화에 대한 죄의식을 (느낀다. 그렇지 않다.)

부부상담 전문가인 워싱턴대학교의 심리학자 존 고트먼 교수는 오랫동안 행복한 관계를 유지하려면 긍정적인 말을 부정적인 말보다 다섯 배 정도는 더 많이 해야 한다고 주장합니다. 그는 700쌍 이상의 부부들을 관찰해 이 사실을 확인했다고 합니다.

그는 비디오촬영을 통해 부부들의 대화를 분석해 행복한 결혼생활과 이혼여부를 결정짓는 가장 중요한 변수를 찾아내었는데 그것은 부부간에 주고받는 긍정적인 대화와 부정적인 대화의 비율이었습니다.

금슬이 좋은 부부들은 비난이나 무시와 같은 부정적인 발언을 한 번 했다면 격려나 칭찬과 같은 긍정적인 표현을 적어도 다섯 번 이상 하는 것으로 나타났습니다. 반면 긍정적인 대화와 부정적인 대화의 비율이 5:1 이하로 떨어지면 결혼생활에 금이 가기 시작했는데 고트먼 박사는 이것을 마법의 비율 5:1이라고 불렀습니다. 다시 말해 부정적인 메시지 하나를 전달할 때마다 적어도 다섯 개 이상의 긍정적인 메시지를 전달해야 한다는 것입니다.

TOGETHER Reading

부주의한 말 한마디가 싸움의 불씨가 되고, 잔인한 말 한마디가 삶을 파괴합니다. 은혜스런 말 한마디가 길을 평탄케 하고, 즐거운 말 한마디가 하루를 빛나게 합니다. 때에 맞는 말 한마디가 긴장을 풀어주고, 사랑의 말 한마디가 축복을 줍니다.

언·어·튜·닝·방·법 50분

● 야고보서 3장1–12절을 읽으십시오.

> 1 내 형제들아 너희는 선생된 우리가 더 큰 심판을 받을 줄 알고 선생이 많이 되지 말라
>
> 2 우리가 다 실수가 많으니 만일 말에 실수가 없는 자라면 곧 온전한 사람이라 능히 온 몸도 굴레 씌우리라
>
> 3 우리가 말들의 입에 재갈 물리는 것은 우리에게 순종하게 하려고 그 온 몸을 제어하는 것이라
>
> 4 또 배를 보라 그렇게 크고 광풍에 밀려가는 것들을 지극히 작은 키로써 사공의 뜻대로 운행하나니
>
> 5 이와 같이 혀도 작은 지체로되 큰 것을 자랑하도다 보라 얼마나 작은 불이 얼마나 많은 나무를 태우는가
>
> 6 혀는 곧 불이요 불의의 세계라 혀는 우리 지체 중에서 온 몸을 더럽히고 삶의 수레바퀴를 불사르나니 그 사르는 것이 지옥 불에서 나느니라
>
> 7 여러 종류의 짐승과 새며 벌레와 바다의 생물은 다 사람이 길들일 수 있고 길들여 왔거니와
>
> 8 혀는 능히 길들일 사람이 없나니 쉬지 아니하는 악이요 죽이는 독이 가득한 것이라
>
> 9 이것으로 우리가 주 아버지를 찬송하고 또 이것으로 하나님의 형상대로 지음을 받은 사람을 저주하나니
>
> 10 한 입으로 찬송과 저주가 나는도다 내 형제들아 이것이 마땅하지 아니하니라
>
> 11 샘이 한 구멍으로 어찌 단 물과 쓴 물을 내겠느냐
>
> 12 내 형제들아 어찌 무화과나무가 감람 열매를, 포도나무가 무화과를 맺겠느냐 이와 같이 짠 물이 단 물을 내지 못하느니라

● 위의 본문을 읽으면서 말에 대해 배운 교훈은 무엇입니까?

_____

_____

1. _____ [55] 주워 담기

우리가 다 실수가 많으니 만일 말에 실수가 없는 자라면 곧 온전한 사람이라 능히 온 몸도 굴레 씌우리라(야고보서3:2)

SUMMARY 요약하기

　과자나 음식을 먹다보면 부스러기들이 떨어집니다. 바로 치우면 그렇게 문제가 되지 않지만 무시하고 그냥 내버려두면 끔찍한 일을 경험하게 됩니다. 어디서 나왔는지 출처를 알 수 없는 개미들과 다른 해충이 기어 나와 우리의 건강과 위생을 좀먹게 만듭니다.

　말도 마찬가집니다. 하루에도 수많은 말을 하고 수많은 단어를 사용합니다. 그 말들 가운데도 부스러기 말들이 있습니다. 우리가 주로 사용하는 말과 단어는 의사전달을 위해 사용하는 것들입니다.

　그러나 때로는 그러한 의사전달을 위해 불필요하고 과장적이고 쉽게 던지는 부스러기 말들이 있습니다. 그 말이 나의 온 몸을 더럽히고 삶의 수레바퀴를 불사르게 하는 것입니다.

　욕설이나 모진 말이 아니더라도 우리가 인식조차도 하지 못하고 던지는 사소한 말의 실수, 즉 부스러기 말이 누군가에게 상처를 주고 아픔을 줍니다. 그러므로 언어튜닝을 하기 위해 제일 먼저 집중해야 하는 것은 우리 입에서 떨어지는 수많은 부스러기 말들을 주워 담는 것입니다.

　다시 말해 불필요한 말들이 우리의 입에서 떨어지지 않도록 주의해야 합니다. 하지 않아도 될 말들, 의사를 전달하는데 중요하지 않은 말들, 그런 말만 주워 담아도, 그런 말들만 내뱉지 않아도 우리를 죽이는 독이 가득한 혀를 통해 누군가에게 상처와 아픔을 주지 않을 것입니다.

● 당신의 삶에 자주 사용하는 부스러기 말에는 어떤 것이 있습니까? 오늘 하루 당신은 어떤 부스러기 말들을 의식하지도 않고 흘렸습니까?

_____

2. 혀의 _____ [56] (유전인자) 바꾸기

> 혀는 능히 길들일 사람이 없나니 쉬지 아니하는 악이요 죽이는 독이 가득한 것이라
> (야고보서 3:8)

TOGETHER Reading

혀를 길들일 수 없는 이유는 혀의 DNA속에 쉬지 아니하는 악과 죽이는 독이 가득차 있기 때문입니다. 그러므로 혀를 길들이기 위해서는 예수 이름으로 우리의 혀의 유전정보를 바꾸어야 합니다. 그렇게 된다면 혀는 더 이상 쉬지 않는 악과 죽이는 독을 드러내지 않게 될 것입니다. 하나님의 말씀인 성경은 혀에 대한 새로운 유전정보로 가득한 책입니다. 성경은 우리의 혀에 '사랑하는 말을 입력하라'고 말씀합니다. '은혜를 끼치는 말과 덕을 끼치는 말의 유전자 정보를 집어넣으라'고 권면합니다. 그럴 때 우리의 혀는 사람들을 격려하고 생명을 살리는 말을 하게 될 것입니다.

● 당신의 혀에 입력해야 할 새로운 말의 DNA를 적어보십시오.

_____

3. 말의 _____ [57) 공격하기

HINT FOR LEADER

말이 변화되지 못하는 가장 근본적인 원인은 마음이 변화되지 못했기 때문입니다. 말의 심장부가 바로 우리의 마음이기 때문입니다. 언어습관을 바꾸기 위해서는 마음을 공격해야 합니다. 마음이 변화되어야만 말이 변화될 수 있습니다.

언어가 거친 사람은 분노를 안고 있는 사람입니다.

부정적인 언어습관을 가진 사람은 마음에 두려움이 있는 사람입니다.

과장되게 이야기하는 것을 좋아하는 사람은 그 마음이 궁핍하기 때문입니다.

자랑을 늘어놓기 좋아하는 사람은 그 마음이 안정감이 약하기 때문입니다.

음란한 이야기를 늘어놓는 사람은 그 마음이 청결하지 못하기 때문입니다.

항상 비판적인 말을 하는 사람은 그 마음에 비통함이 있기 때문입니다.

다른 사람을 헐뜯는 사람은 그 마음이 열등감에 사로잡혀 있기 때문입니다.

다른 사람의 말을 듣지 않고 자기 말만 하려는 사람은 그 마음이 조급하기 때문입니다.

반면에, 항상 다른 사람을 격려하는 사람은 자신의 마음이 행복하기 때문입니다.

부드럽게 말하는 사람은 그 마음이 안정적이기 때문입니다.

진실되게 이야기하는 사람은 그 마음이 담대하기 때문입니다.

마음에 사랑이 많은 사람이 위로의 말을 잘 건네줍니다.

겸손한 사람이 과장하지 않고 사실을 말합니다.

마음에 여유가 있는 사람은 말하기 앞서 다른 사람의 말을 잘 듣습니다.

● 당신은 어떤 마음을 가진 사람입니까? 위에서 읽은 부분가운데 당신에게 해당되는 부분에 밑줄을 그어보십시오. 그리고 옆사람들과 나누어봅시다.

_____

● 당신의 말의 습관이 지금처럼 변해진 이유를 찾아보십시오. 당신의 언어습관이 지금처럼 바뀐 결정적인 사건이 있었습니까?

_____

언·어·습·관·바·꾸·기 20분

● 당신의 언어습관을 돌아보십시오.

1) 말할 때 당신의 자세는 어떻습니까? (예를 들어, 윽박지름, 따지듯이, 명령, 부탁, 부드러움, 지적하듯, 화를 냄, 원망하듯, 왔다갔다…등등)

_____

_____

2) 당신의 말투는 어떻습니까? (예를 들어 건조하다, 비비꼰다, 감정을 실어, 빈정대며, 목욕탕목소리, 앙칼지다, 색깔이 없다…등등)

_____

_____

3) 말할 때 당신의 목소리 톤은 어떻습니까? 상대방에게 주는 느낌은 어떨 것이라고 생각합니까?

_____

4) 습관적으로 사용하는 단어는 무엇입니까?

_____

_____

5) 대화하는 목적은 주로 무엇입니까? (예를 들어, 정보수집, 궁금함(호기심), 이해하기 위해, 관심표현, 조언을 하기 위해…)

_____

_____

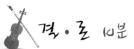 격·론 10분

에베소서4장29절은 덕을 세우기 위해 선한 말을 해야 함을 알려주고 있습니다. 덕을 세운다는 것은 헬라어로 '오이코도메오'라고 하는데 오이코스(집)와 데모(건축하다)의 합성어입니다. '집을 건축한다'는 의미입니다. 즉 덕을 세운다는 것은 집을 짓는 것과 같다는 것입니다.

집을 짓는 것처럼 덕을 세우는 선한 말을 하기 위해서 필요한 세 가지

1) 집을 지을 때도 순서가 있습니다.

기초를 파고 골조를 세우고 벽돌을 쌓아 집을 만듭니다. 먼저 해야 할 일이 있고 나중에 해야 할 일이 있다는 말입니다. 덕을 세우는 말을 하기 위해서도 마찬가지입니다. 지금 해야 할 말이 있고 나중에 해야 할 말이 있습니다. 적절한 시기에 하는 말은 공동체의 덕을 세우지만 나중에 해야 할 말을 지금 한다든지, 지금 해야 할 말을 나중에 하면 그 순서가 바뀌게 되어 덕을 세우는 것이 아니라 공동체를 파괴하는 말이 되고 맙니다.

2) 집을 지을 때 일하는 사람의 역할은 각자 다릅니다.

미장을 하는 사람은 미장만 하면 됩니다. 목수들은 나무를 자르고 틀을 만들면 됩니다. 벽돌을 붙이는 사람들은 그것만 하면 됩니다. 자신이 해야 할 일이 있고 다른 사람이 해야 할 일이 있다는 말입니다. 덕을 세우는 말의 원리도 이와 같습니다. 내가 해야 할 말이 있고 다른 사람들이 해야 할 말이 있습니다. 만약 질서가 무너지면 그 공동체는 혼선을 가져오게 되고 그 집은 제대로 지어질 수 없습니다.

3) 집을 지을 때 사용할 재료가 있고 사용해서는 안 될 재료가 있습니다.

아무것이나 다 집을 지을 수 있는 재료가 아닙니다. 벽을 세울 때는 반듯반듯한 벽돌을 사용해야지 날카롭고 뾰족한 돌로는 하지 않습니다. 마찬가지입니다. 덕을 세우는 말이 있고 공동체를 파괴하는 말이 있습니다. 내가 사용해야 할 말이 있고 내가 사용해서는 안 될 말이 있습니다. 덕을 세우는 말을 하려는 사람은 내가 사용해서는 안 될 말을 버려야 합니다. 오늘 성경은 그것이 '더러운 말'이라고 표현하고 있습니다. '입 밖에도 내어서는 안 될 말'이라고 성경은 말합니다.

 **Feedback** 10분

오늘 과정을 통해 당신이 발견한 것은 무엇입니까? 세밀하게 말씀하시는 하나님의 음성에 귀를 기울여보십시오. 하나님은 당신에게 무엇을 말씀하시고 있습니까?

미션 과제

1. 매일 당신이 사용한 칭찬의 언어/말실수 목록 작성하기
2. 당신이 고쳐야 할 언어습관(말투, 자세, 목소리톤, 자주 사용하는 단어…) 30가지 찾기

튜 · 닝 · 결 · 단

나는 튜닝이 필요합니다.

하나님의 말씀으로
나를 튜닝해 주옵소
서.

나는 튜닝이 필요합니다.

튜닝으로 완성된 나
의 모습을 보게 하옵
소서.

나는 튜닝이 필요합니다.

튜닝되어 쓰임받는
인생이 되게 하옵소
서.

8 물질튜닝

 생·활·점·검 15분

1. 생활점검표 – 생활점검표를 작성하면서 발견한 생활의 감사거리 혹은 간증거리를 나누어 보십시오.

_____

2. 큐티점검 – 한 주간 큐티를 하면서 발견한 하나님의 은혜와 하나님의 인도하심을 간증해보십시오.

_____

3. 미션나눔 – 칭찬의 언어/말실수 목록 나누기, 당신이 고쳐야 할 언어습관 나누기

_____

태평양 한가운데 조그만 섬이 있었는데 그곳에는 오래전부터 전해져 내려오는 한 풍습이 있었습니다. 항해를 하다가 풍랑을 만나서 그 섬으로 표류해 오면 그들은 바깥세상의 정보를 알기 위해서 표류자를 일 년 동안 왕을 시켜주었습니다. 그러나 일 년이 지난 후에는 왔던 그대로 떠나야 합니다. 널빤지를 타고 왔으면 널빤지를 태워 보내고, 조각배를 타고 왔으면 조각배를 태워 보내는 것입니다.

어떤 사람이 풍랑을 만나 간신히 스티로폼을 타고 그 섬에 도착하였습니다. 그러자 그 섬의 원주민들이 우루루 나와서 그의 옷을 벗긴 후 잘 보관하고, 그가 타고 온 아이스 박스 스티로폼도 잘 닦아서 보관합니다.

"당신은 일 년 동안 이곳에서 왕입니다. 무슨 일이든 할 수 있고 무슨 일이든 시킬 수 있습니다. 그러나 한 가지 조건은 내년 오늘 이 옷을 입고 이 스티로폼을 타고 떠나야 하는 것입니다."

"그러면 나보다 먼저 이 섬에 왔던 사람이 있었느냐?"

"두 명이 있었습니다."

"그 자들은 어떻게 살다 갔느냐?"

"그 사람들은 참 이상했습니다. 첫 번째 사람은 오더니 제일 먼저 집을 지었습니다. 저기 보이는 큰 집이 바로 그 집입니다. 그리고 나서 그는 우리 섬에 있는 보물이란 보물은 다 끌어 모았는데 우리는 그 사람이 왜 그런 일을 했는지 아직도 모릅니다. 그리고 일 년 후에 원래 타고 왔던 널빤지를 타고 가다가 보물의 무게때문에 그만 얼마 못가서 빠져 죽었습니다."

"두번째는?"

"두번째 사람은 와서 그 집하고 보물들을 보더니 '이런 미련한 사람 같으니… 하나도 못 가져가는 걸 왜 저렇게 쌓아 놓았을까? 대신 나는 먹어야겠다.' 라고 말했습니다. 그리고 일 년 동안 온 섬을 돌아다니면서 몸에 좋다고 하는 것은 무엇이나 열심히 먹었습니다. 일 년이 지난 후 떠날 때가 되자 몸에 살이 많이 붙었습니다. 그런데 그 사람은 헤엄쳐서 우리 섬에 도착했었는데 그 몸으로 어떻게 헤엄을 쳐서 갑니까? 절반도 못 가서 빠져 죽고 말았습니다."

"그리고 나서 우리 섬에 도착한 세 번째 사람이 바로 당신입니다. 당신은 어떻게 하실겁니까?"

세 번째 사람은 얘기를 다 듣고 나서 이렇게 말했습니다.

"내가 섬을 한 번 구경하겠노라."

그리고 섬 주위에 있는 바다를 둘러보기 시작했습니다. 멀리 동쪽 끝을 보니 조그마한 점이 보였습니다.

"저게 무엇이냐?"

"조그만 섬인데 사람이 살 수 없는 무인도입니다."

그는 속으로 '이제야 내가 할 일을 깨달았다.' 라고 생각하며 명령을 내리기 시작했습니다.

"저 섬에 우물을 파라. 섬에 집을 짓고 밭을 갈고 먹을 것을 잔뜩 가져다 놓아라. 나무를 심고 꽃을 심어라…"

그는 일 년 동안 그 일만을 했습니다. 일 년이 지난 후, 그도 처음에 타고 왔던 아이스박스를 타고 떠나야 하는 날이 왔습니다. 그는 자신이 준비해 놓은 섬으로 떠나 안전하게 도착하였습니다. 그는 갈 곳이 있었던 것입니다. 자신이 떠날 수밖에 없는 그 섬에는 투자하지 않았습니다. 대신 자신이 장차 갈 곳에 모든 것을 투자했습니다.

● 당신이 그러한 무인도에서 1년간을 다스린다면 무엇에 투자하겠습니까?

_____

● 이 이야기를 읽으면서 당신은 무엇을 느꼈습니까?

_____

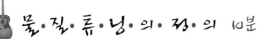

물·질·튜·닝·의·정·의 10분

물질튜닝은 물질의 플러스(+)를 위해 목숨을 걸던 인생을 하나님과 이웃을 위해 거룩한 마이너스(-)로 돌아서게 하는 결단 훈련입니다. 누가복음12장에 나오는 어리석은 부자를 보십시오. 그는 자신의 인생에 물질의 플러스(+)를 위해 창고를 짓고 쌓아두려고 하지만 주님께서는 그러한 삶이 어리석다고 말씀하십니다. 대신 삭개오처럼 처음에는 물질의 플러스(+)만을 위해 살았지만 주님을 만남으로 인해 거룩한 마이너스(-)를 위해 돌아서는 모습이 바로 물질튜닝입니다. 삭개오는 삶이 변하면서 가장 먼저 물질튜닝을 결단하게 됩니다. (M+→M-)

● 당신은 물질의 플러스를 위해 살아가는 인생입니까? 물질의 거룩한 낭비 즉 거룩한 마이너스를 위해 살아가고 있습니까?

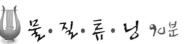

물·질·튜·닝 90분

1. _____[58] 튜닝하기

● 돈에 대한 당신의 생각은?

1) 돈은 행복의 척도
2) 돈은 소통의 도구
3) 돈은 편리함의 수단
4) 돈은 노력의 결실
5) 돈은 교환수단
6) 돈은 하나님 혹은 애인
7) 돈은 나의 열정
8) 돈은 나의 미래

● 누가복음 16장1–13절을 읽으십시오.

> 1 또한 제자들에게 이르시되 어떤 부자에게 청지기가 있는데 그가 주인의 소유를 낭비한다는 말이 그 주인에게 들린지라
>
> 2 주인이 그를 불러 이르되 내가 네게 대하여 들은 이 말이 어찌 됨이냐 네가 보던 일을 셈하라 청지기 직무를 계속하지 못하리라 하니
>
> 3 청지기가 속으로 이르되 주인이 내 직분을 빼앗으니 내가 무엇을 할까 땅을 파자니 힘이 없고 빌어 먹자니 부끄럽구나
>
> 4 내가 할 일을 알았도다 이렇게 하면 직분을 빼앗긴 후에 사람들이 나를 자기 집으로 영접하리라 하고
>
> 5 주인에게 빚진 자를 일일이 불러다가 먼저 온 자에게 이르되 네가 내 주인에게 얼마나 빚졌느냐
>
> 6 말하되 기름 백 말이니이다 이르되 여기 네 증서를 가지고 빨리 앉아 오십이라 쓰라 하고
>
> 7 또 다른 이에게 이르되 너는 얼마나 빚졌느냐 이르되 밀 백 석이니이다 이르되 여기 네 증서를 가지고 팔십이라 쓰라 하였는지라
>
> 8 주인이 이 옳지 않은 청지기가 일을 지혜 있게 하였으므로 칭찬하였으니 이 세대의 아들들이 자기 시대에 있어서는 빛의 아들들보다 더 지혜로움이니라
>
> 9 내가 너희에게 말하노니 불의의 재물로 친구를 사귀라 그리하면 그 재물이 없어질 때에 그들이 너희를 영주할 처소로 영접하리라
>
> 10 지극히 작은 것에 충성된 자는 큰 것에도 충성되고 지극히 작은 것에 불의한 자는 큰 것에도 불의하니라
>
> 11 너희가 만일 불의한 재물에도 충성하지 아니하면 누가 참된 것으로 너희에게 맡기겠느냐
>
> 12 너희가 만일 남의 것에 충성하지 아니하면 누가 너희의 것을 너희에게 주겠느냐
>
> 13 집 하인이 두 주인을 섬길 수 없나니 혹 이를 미워하고 저를 사랑하거나 혹 이를 중히 여기고 저를 경히 여길 것임이니라 너희는 하나님과 재물을 겸하여 섬길 수 없느니라

불의의 재물은 '검은 돈'을 의미하는 단어가 아닌 '세상적인 물질' 혹은 '불의한 세대에 속한 재물'을 의미합니다.

1) 이 청지기의 물질에 대한 처음의 관점과 나중의 관점을 비교해 보십시오.(1,8절) ⁵⁹⁾

SUMMARY 요약하기

　주인은 청지기의 낭비로 인해 그를 해고하지만 나중에 이 청지기의 거룩한 낭비에 칭찬을 합니다. 똑같이 주인의 소유를 낭비하였지만 주인은 분명히 구분합니다. 자신의 쾌락을 위해 주인의 소유를 사용한 행동을 '무의미한 낭비'라고 보았지만, 빚진 자의 빚을 줄여주는 행동은 '거룩한 낭비 즉 투자'라고 본 것입니다. 주인이 진정으로 원하는 것은 물질을 쌓아두고 자기 배만 불리는 것이 아니라 거룩한 낭비를 하는 것입니다.

2) 주인의 소유를 낭비하던 청지기가 언제 정신을 차립니까?(2-3절) ⁶⁰⁾

3) 당신은 더 이상 물질을 관리할 수 없을 때가 있었습니까?(부도, 실패) 그때(지금) 당신은 무엇을 발견했습니까?

4) 본문에서 경고하는 물질(재물)에 대한 잘못된 관점은 무엇입니까?(13절) ⁶¹⁾

TOGETHER Reading

　물질은 섬겨야 할 대상이 아닙니다. 또한 물질은 사랑해야 할 대상이 아닙니다.

디모데전서6장10절에는 '돈을 사랑함이 일만 악의 뿌리가 된다' 고 말합니다. 돈은 섬겨야 할 대상도 사랑할 대상도 아닙니다. 돈은 창세기 1장28말씀처럼 우리가 다스려야 할 또 하나의 대상일 뿐입니다. 돈이 우리의 삶에 주인이 되어 돈에 끌려 다니고 지배당하는 삶이 아닌 돈을 관리하고 돈을 다스리는 삶이 성경적인 물질관을 가진 자의 모습입니다.

5) 물질에 대하여 어떤 관점을 가지는 것이 성경적입니까? 돈에 대한 당신의 관점은 어떻게 변해야 합니까?

_____

2. _____ 62) 따기

TOGETHER Reading

물질에 대한 바른 관점을 가짐과 동시에 가져야 할 또 한 가지는 부자자격증을 따는 것입니다. 자격증은 우리가 합법적으로 어떤 일을 할 수 있도록 만들어 주는 것입니다.

운전면허증이라는 것은 그 사람이 운전을 잘하느냐 못하느냐를 알려주는 것이 아니라 운전을 위한 기본적인 소양을 갖추었고 나라가 정한 소정의 과정을 통과했다는 증명입니다.

부자자격증도 마찬가지입니다. 부자가 되기 위한 기본적인 단계를 이수했다는 증명입니다. 면허증이 없어도 누구보다 운전을 잘하는 사람들이 있습니다. 그러나 그 사람은 어떠한 경우라도 불법입니다. 면허증이 없기 때문입니다. 자신이 운전하는 차를 압수당하고 엄청난 벌금을 물든지 아니면 감옥을 살아야 합니다. 자격증이란 그런 것입니다.

자격증이 없이 부자가 된 사람이 있을 수 있습니다. 그러나 그 부가 인생을 망가뜨리고 자신이 쌓은 돈에 의해 삶이 황폐케 될 수밖에 없습니다. 그래서 우리 모두는 하나님이 발급하시는 부자자격증을 따야 합니다. 부자가 되는 것은 이후에 해야 할 일입니다.

여러분의 노력여하에 따라 될 수도 있고 되지 못하고 그 자격증을 장롱 속에 감춰둘 수도 있습니다. 그러나 부자자격증이 없으면 부자가 될 수도, 되어서도 안됩니다.

● 창세기 26장1-15절을 읽으십시오.

> 1 아브라함 때에 첫 흉년이 들었더니 그 땅에 또 흉년이 들매 이삭이 그랄로 가서 블레셋 왕 아비멜렉에게 이르렀더니
> 2 여호와께서 이삭에게 나타나 이르시되 애굽으로 내려가지 말고 내가 네게 지시하는 땅에 거주하라
> 3 이 땅에 거류하면 내가 너와 함께 있어 네게 복을 주고 내가 이 모든 땅을 너와 네 자손에게 주리라 내가 네 아버지 아브라함에게 맹세한 것을 이루어
> 4 네 자손을 하늘의 별과 같이 번성하게 하며 이 모든 땅을 네 자손에게 주리니 네 자손으로 말미암아 천하 만민이 복을 받으리라
> 5 이는 아브라함이 내 말을 순종하고 내 명령과 내 계명과 내 율례와 내 법도를 지켰음이라 하시니라
> 6 이삭이 그랄에 거주하였더니
> 7 그 곳 사람들이 그의 아내에 대하여 물으매 그가 말하기를 그는 내 누이라 하였으니 리브가는 보기에 아리따우므로 그 곳 백성이 리브가로 말미암아 자기를 죽일까 하여 그는 내 아내라 하기를 두려워함이었더라
> 8 이삭이 거기 오래 거주하였더니 이삭이 그 아내 리브가를 껴안은 것을 블레셋 왕 아비멜렉이 창으로 내다본지라
> 9 이에 아비멜렉이 이삭을 불러 이르되 그가 분명히 네 아내거늘 어찌 네 누이라 하였느냐 이삭이 그에게 대답하되 내 생각에 그로 말미암아 내가 죽게 될까 두려워하였음이로라
> 10 아비멜렉이 이르되 네가 어찌 우리에게 이렇게 행하였느냐 백성 중 하나가 네 아내와 동침할 뻔 하였도다 네가 죄를 우리에게 입혔으리라
> 11 아비멜렉이 이에 모든 백성에게 명하여 이르되 이 사람이나 그의 아내를 범하는 자는 죽이리라 하였더라
> 12 이삭이 그 땅에서 농사하여 그 해에 백 배나 얻었고 여호와께서 복을 주시므로
> 13 그 사람이 창대하고 왕성하여 마침내 거부가 되어
> 14 양과 소가 떼를 이루고 종이 심히 많으므로 블레셋 사람이 그를 시기하여
> 15 그 아버지 아브라함 때에 그 아버지의 종들이 판 모든 우물을 막고 흙으로 메웠더라

1) 흉년을 만났을 때 아브라함과 이삭 그리고 야곱이 가지고 있었던 공통적인 패턴은 무엇입니까? [63]

_____

2) 부자자격증을 따기 위해 이삭이 붙든 것은 무엇입니까? [64] (패턴? 원칙?)

_____

SUMMARY 요약하기

우리의 삶에 다가온 흉년과 같은 상황들은 우리를 패턴(pattern)중심적인 삶으로 이끕니다. 흉년이 오면 당연히 우리는 애굽으로 가야한다는 패턴을 가지고 맹목적으로 애굽으로 가는 경향이 있습니다. 애굽으로 한번 갔다 오면 모든 문제가 해결될 것이고, 모든 것이 다 괜찮을 것이라고 생각합니다. 이것이 패턴입니다.

우리는 패턴으로 움직여서는 안됩니다. 모세는 잘 알려진 패턴주의자였습니다. 하나님은 광야에서 목말라 불평하고 원망하는 백성들을 위해 모세에게 반석을 명하여 물을 내라고 말씀하셨습니다.(민20장참조) 그런데 모세는 므리바에서 물이 없어 불평하는 백성에게 하나님이 반석을 쳐서 물을 내라고 명령하신 패턴을 기억해 내었습니다.(출17장 참조)

하나님의 말씀이라는 원칙을 무시하고 자신에게 익숙하고 자신의 경험에 근거한 패턴으로 하나님께 범죄 합니다. 하나님은 말씀대로 명령만 해도 하나님의 역사가 일어난다는 것을 보여주기를 원하셨지만 모세는 그것을 알지 못했습니다. 그의 마음 한편에는 반석을 치지 않으면 물이 나오지 않을 것 같은 두려움과 불신이 자리 잡고 있었기 때문입니다. 이것이 패턴입니다.

3) 당신이 가지고 있는 물질에 대한 패턴은 무엇입니까? 혹은 어떤 물질에 대한 원칙을 가지고 있습니까? 그 원칙은 어디에서 출발합니까?

_____

4) 이삭의 가문의 가업은 무엇입니까? 흉년 때에 이삭은 어떤 일을 하고 있습니까? [65]

_____

5) 부자가 되기 위해 당신은 블루오션을 보는 눈을 가지고 있습니까? 당신의 일상 속에서 당신이 발견한 블루오션은 무엇입니까?

_____

SUMMARY 요약하기

이 땅에서 부자가 되기를 원하십니까?

그러기 위해서는 부자자격증을 먼저 따야 합니다. 자격증을 가지면 우리의 노력여하에 따라, 하나님의 때에 따라 이 땅 가운데 거부가 되는 축복을 누릴 수 있습니다. 중요한 것은 우리가 부자가 될 자격이 있느냐 하는 것입니다. 자격이 없는 사람이 부자가 되면 자신도 죽이고 다른 사람도 죽이는 독이 되고 말 것입니다. 부자자격증을 얻으면 하나님이 기뻐하시는 부자, 하나님의 손에 붙잡힌바 되는 부자가 될 수 있습니다.

1) 어떤 상황에서든 패턴을 따라가지 말고 원칙을 고수하는 첫 번째 관문을 통과해야 합니다. 하나님의 말씀이라는 원칙을 붙잡아야 합니다. 어떤 상황 속에서도, 아무리 긴급하고 위태로운 순간에도 절대 버려서는 안 될 것이 바로 하나님의 말씀을 순종하겠다는 원칙을 고수하는 것입니다.

2) 두려워하지 마십시오. 하나님이 나를 부자로 만드실 것이라는 분명한 믿음을 가져야 합니다. 이 믿음을 버리면 절대 부자가 될 수도 부자 자격증을 얻을 수도 없습니다. 하나님이 나와 함께 하심으로 요셉처럼 형통한 자가 되게 하신다는 분명한 확신이 필요합니다.

3) 레드오션을 버리고 블루오션을 취해야 합니다. 이삭이 목축을 버리고 농사를 지어 백 배의 결실을 거둔 것처럼 블루오션을 보는 눈을 가져야 합니다. 하나님이 당신을 부자로 만들기 위한 프로젝트가 시작되었습니다. 진정한 부자되기, 부자자격증에 도전해 보십시오.

3. ＿＿＿＿＿＿＿＿ 66) 원칙

> 존 맥스웰(John C. Maxwell)의 "당신 안에 잠재된 리더쉽을 키우라"라는 책에 등대지기의 이야기가 나옵니다. 암벽 해안의 등대를 지키는 등대지기는 한 달에 한 번 씩 기름을 받아 등대의 불을 밝혔습니다. 그런데 등대가 마을에서 멀지 않기에 마을 사람들이 기름을 자주 얻으러 옵니다. 한번은 불쌍한 할머니가 등대지기를 찾아와 말합니다. "돈이 없어 굶을 죽을 형편이 되었다네. 기름을 조금만 주면 팔아서 끼니라도 대신할 수 있을 테니 기름을 조금만 주게" 동정심에 등대지기는 할머니에게 기름을 조금 주었습니다. 며칠 뒤 동창생이 찾아와 말합니다. "차에 기름이 떨어져 급하니 기름을 조금만 주게." 인정상 또 기름을 조금 주었습니다. 며칠 뒤에는 아내가 찾아와 아들의 학자금을 내지 못했다고 말합니다. 등대지기는 기름을 빼어 팔아 학자금을 해결하였습니다. 그런데 그날 밤 폭풍우가 거세게 몰아쳤습니다. 다음날 아침 지난밤에 배 한 척이 침몰하여 많은 사람들이 목숨을 잃었다는 소식이 들려왔습니다. 침몰 원인은 배가 표류하는 동안 등대의 불이 꺼져 있었다는 것입니다. 기름이 떨어진 등대에 그만 불이 꺼진 것입니다. 상부에서는 등대지기를 질책했습니다.
>
> 당신에게 기름을 공급한 이유는 단 한 가지, 등대를 밝히라는 것입니다.

● 이 이야기를 읽으면서 어떤 생각이 듭니까? 기름을 물질(돈)로 바꾸어 본다면 당신에게 주어진 물질은 하나님의 목적대로 사용되고 있습니까?

_____

1) 당신의 잉여물질(혹은 급여)은 지금 어떤 곳에 투자되고 있습니까?

① 편리함　　② 자녀(교육,혼수)　　③ 노후자금　　④ 자기계발

⑤ 인재양성　　⑥ 하나님나라　　⑦ 사회사업

2) 당신의 물질이 어떤 곳에 사용될 때 마음에 기쁨이 생깁니까?

_____

3) 당신은 미래를 위해 얼마나(얼마나 많이) 투자하고(준비하고) 있습니까?(노후/하나님나라/하나님의 뜻)

_____

Feedback 10분

오늘 과정을 통해 당신이 발견한 것은 무엇입니까? 세밀하게 말씀하시는 하나님의 음성에 귀를 기울여보십시오. 하나님은 당신에게 무엇을 말씀하시고 있습니까?

미션 과제

1,000원의 행복-세상에서 가장 행복하고 따뜻한 1,000원 만들기 프로젝트

튜 · 닝 · 결 · 단

나는 튜닝이 필요합니다.

하나님의 말씀으로 나를 튜닝해 주옵소서.

나는 튜닝이 필요합니다.

튜닝으로 완성된 나의 모습을 보게 하옵소서.

나는 튜닝이 필요합니다.

튜닝되어 쓰임받는 인생이 되게 하옵소서.

시간튜닝

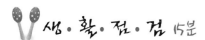 생•활•점•검 15분

1. 생활점검표 – 생활점검표를 하면서 발견한 생활의 감사거리 혹은 간증거리를 나누어 보십시오.

_____

2. 큐티점검 – 한 주간 큐티를 하면서 발견한 하나님의 은혜와 하나님의 인도하심을 간증해보십시오.

_____

3. 미션나눔 – 1,000원의 행복나누기

_____

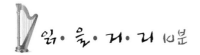

어떤 시간관리 전문가의 이야기입니다.

하루는 이 전문가가 경영학과 학생들에게 강의를 하면서, 자신의 주장을 명확히 하기 위해, 어떤 구체적인 예를 들어 설명을 했습니다.

"자, 퀴즈를 하나 해 봅시다."

그는 테이블 밑에서 커다란 항아리를 하나 꺼내 테이블 위에 올려놓았습니다. 그리고 나서 주먹만한 돌을 꺼내 항아리 속에 하나씩 넣기 시작하였습니다. 항아리에 돌이 가득하자 그가 물었습니다.

"이 항아리가 가득 찼습니까?"

학생들이 이구동성으로 대답했습니다. "예."

그러자 그는 "정말?"하고 되묻더니, 다시 테이블 밑에서 조그만 자갈을 한 움큼 꺼내 들었습니다. 그리고는 항아리에 집어넣고 깊숙히 들어갈 수 있도록 항아리를 흔들었습니다. 주먹만 한 돌 사이에 조그만 자갈이 가득 차자, 그는 다시 물었습니다.

"이 항아리가 가득 찼습니까?"

눈이 동그래진 학생들은 "글쎄요"라고 대답했고, 그는 "좋습니다." 하더니, 다시 테이블 밑에서 모래주머니를 꺼냈습니다.

모래를 항아리에 넣어, 주먹만한 돌과 자갈 사이의 빈틈을 가득 채운 후에 다시 물었습니다.

"이 항아리가 가득 찼습니까?"

학생들은 "아니오."라고 대답했고, 그는 "그렇습니다." 라고 물을 한 주전자 꺼내서 항아리에 부었습니다. 그리고 나서는 학생들에게 물었습니다.

"이 실험의 의미가 무엇이겠습니까?"

한 학생이 즉각 손을 들더니 대답했습니다.

"당신이 매우 바빠서 스케줄이 가득 찼더라도, 정말 노력하면, 새로운 일을 그 사이에 추가할 수 있다는 것입니다."

"아닙니다." 시간관리 전문가는 즉시 부인했습니다. 그리고는 말을 이어갔습니다.

"그것이 요점이 아닙니다. 이 실험이 우리에게 주는 의미는, '만약 당신이 큰 돌을 먼저 넣지 않는다면, 영원히 큰 돌을 넣지 못할 것이다.' 란 것입니다."

● 이 이야기를 읽으면서 당신은 무엇을 느꼈습니까?

_____

_____

● 당신의 시간 항아리는 무엇부터 채워져 있습니까?

_____

_____

 시·간·의·법·칙 20분

● 당신은 타임 플래너(Time Planner)입니까? 아니면 계획 없이 닥치는 대로 시간을 사용하십니까? 당신의 삶에 계획되지 않은 시간들은 어떻게 사용됩니까?

_____

_____

고든 맥도날드목사님이 쓴 〈내면세계의 영적질서와 성장〉이라는 책에 보면 계획되지 않은 시간의 법칙에 대해 설명합니다.

1. 계획되지 않은 시간은 나의 약점이 있는 곳으로 흐릅니다.
   즉 자신의 약한 부분을 보완하기 위해 자신의 시간을 할애한다는 말입니다.
2. 계획되지 않은 시간은 지배적인 위치에 있는 사람의 영향력에 의해 좌우됩니다.

나를 필요로 하고 나와 함께 시간을 보내고 싶은 사람들에 의해 소모되어 버린다는 말입니다.

3. 계획되지 않은 시간은 긴급한 일에 소모됩니다.

긴급한일이나 사건들은 계획되지 않는 시간들을 빼앗아가버립니다.

4. 계획되지 않은 기간은 대중의 갈채를 받는 일에 바쳐집니다.

사람들에게 인정받고 싶어하는 본성과 사람들의 박수를 받고 싶어하는 것은 당연한 일인데 무질서 속에 시간을 관리하는 사람들은 이러한 것에 자신의 시간을 던져버립니다.

이와 같이 우리의 삶에서 버려지고 잃어버리는 수많은 시간들을 붙잡기 위해서 철저한 계획과 시간사용 원칙이 세워져야 할 것입니다.

일 년의 소중함을 알고 싶다면, 기말시험에 낙제한 학생에게 물어보십시오.

한 달의 소중함을 알고 싶다면, 미숙아를 낳은 산모에게 물어보십시오.

하루의 소중함을 알고 싶다면, 자식이 열 명 딸린 날품팔이에게 물어보십시오.

한 시간의 소중함을 알고 싶다면, 결혼식을 기다리는 신랑, 신부에게 물어보십시오.

일 분의 소중함을 알고 싶다면, 기차시간을 놓친 승객에게 물어보십시오.

일 초의 소중함을 알고 싶다면, 사고에서 구사일생으로 살아남은 생존자에게 물어보십시오.

0.001초의 소중함을 알고 싶다면, 올림픽 경기에서 은메달을 딴 선수에게 물어보십시오.

TOGETHER Reading

숯과 다이아몬드는 그 원소가 똑같은 탄소라는 사실을 아십니까? 똑같은 원소가 하나는 아름다움의 상징인 다이아몬드가 되고, 다른 하나는 보잘것없는 검은 덩어리에 머물고 맙니다. 어느 누구에게나 똑같이 주어지는 하루 24시간이라는 원소. 그 원소는 누구에게나 주어지지만, 그것을 다이아몬드로 만드느냐 숯으로 만드느냐는 자신의 선택에 달려 있습니다. 삶은 다이아몬드라는 아름다움을 통째로 선물하지는 않습니다. 단지 가꾸는 사람에 따라 다이아몬드가 될 수도 있고 숯이 될 수도 있는 씨앗을 선물할 뿐입니다.

단·어·설·명(시간) 10분

우리말 '시간' 에 해당하는 두 개의 헬라어 단어가 있습니다.

1) 크로노스(chronos)

인간의 역사 속에 흘러가는 시간을 의미합니다. 자연스러운 시간의 흐름으로 한 시, 두 시, 세 시… 한 달, 두 달로 나타납니다.

2) 카이로스(kairos)

구체적인 사건의 순간이나 감정을 느끼는 순간 등의 의미 있는 순간을 의미합니다. 하나님과의 관계 속에 나타난 의미 있는 시간을 말합니다. 하나님의 구원역사와 우리의 신앙성장과 관계된 주님의 섭리적 시간을 말합니다.

사람 앞에서 자신의 유익을 위해 살아가는 시간은 크로노스의 시간이지만, 무엇을 하든지 하나님을 의식하고 경건하게 살고자 하는 시간은 카이로스의 시간입니다.

세상의 시간인 크로노스에는 끝이 없습니다. 목적 없이 계속해서 흘러만 갑니다. 그러나 카이로스의 시간에는 마지막이 있습니다. 태초라는 계획된 시간이 있었듯이 종말이라는 예정된 시간이 있습니다. 예수님께서 오시는 바로 그 날이 시간의 끝으로서 하나님의 정하신 때인 카이로스의 완성이라고 할 수 있습니다.

루터의 유명한 말 중에 '코람 데오' (Coram Deo)라는 말이 있습니다. 이 말은 '하나님 앞에서' 라는 뜻인데, 그리스도인은 항상 '사람 앞에 서 있는 존재' 가 아닌 '하나님 앞에 서 있는 사람' 이라는 것을 잊어서는 안됩니다.

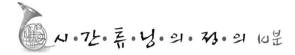 시·간·튜·닝·의·정·의 10분

　　시간튜닝은 흘러가는 크로노스의 시간을 의미 있고 특별한 카이로스의 시간으로 바꾸는 믿음의 결단입니다. 인간의 시간표인 크로노스의 시간을 주님과 관계있는 카이로스의 의미 있는 시간으로 바꾸어 놓아야 합니다. 그런 사람들은 결코 주어진 시간을 낭비하거나 의미 없게 살지 않습니다.

　　한 해를 돌아볼 때 당신은 몇 날이나 주님이 인정하시는 카이로스의 시간을 살았습니까?
　　또 지금까지의 인생을 결산할 때 얼마나 주님 앞에 가치 있고 의미 있는 시간을 살았습니까?

> 우리에게 우리 날 계수함을 가르치사 지혜의 마음을 얻게 하소서(시편 90:12)

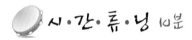 시·간·튜·닝 10분

● 에베소서 5장15–21절을 읽으십시오.

> 15 그런즉 너희가 어떻게 행할 지를 자세히 주의하여 지혜 없는 자 같이 말고 오직 지혜 있는 자 같이 하여
> 16 세월을 아끼라 때가 악하니라
> 17 그러므로 어리석은 자가 되지 말고 오직 주의 뜻이 무엇인가 이해하라
> 18 술 취하지 말라 이는 방탕한 것이니 오직 성령으로 충만을 받으라
> 19 시와 잔송과 신령한 노래들로 서로 화답하며 너희의 마음으로 주께 노래하며 찬송하며
> 20 범사에 우리 주 예수 그리스도의 이름으로 항상 아버지 하나님께 감사하며
> 21 그리스도를 경외함으로 피차 복종하라

1. 세월을 아끼는 지혜로운 자가 되기 위해 요구되는 것은 무엇입니까?(17) 왜 그것이 세월을 아끼는 지혜입니까? [67)

SUMMARY 요약하기

하나님이 우리에게 주신 시간을 의미 없이 흘려보내는 크로노스의 시간이 아닌 카이로스의 시간으로 바꾸기 위해서는 좋은 인생의 밑그림을 먼저 그려나가는 것이 중요합니다. 주의 뜻이 무엇인가를 이해하는 것, 그것이 바로 우리에게 주어진 인생의 밑그림을 그려나가는 방법입니다. 인생의 밑그림을 위해 우리는 '주님의 뜻' 이라는 펜을 들어야 합니다. 그리고 인생의 밑그림을 그려가야 시간을 낭비하지 않고 의미 있는 시간들을 만들 수 있습니다.

우리는 자주 주님의 뜻을 이해하지 못하기 때문에 거절하고, 주님의 뜻을 이해하지 못해 방황하며, 주님의 뜻을 알지 못해 잘못된 길로 들어섭니다.

주님의 뜻만 알 수 있다면 우리는 인생에서 만나는 선택의 순간순간마다 올바른 선택을 할 수 있고 시간을 낭비하지 않을 수 있습니다.

> 우리는 주님의 뜻 안에서 우리에게 주어진 시간의 밑그림을 그려야 합니다. 아브라함은 하나님의 뜻 안에서 자신의 인생의 밑그림을 그린 사람입니다.
>
> 창세기12장에 하나님께서는 아브라함에게 자신의 본토 친척아비의 집이 있는 갈대아우르를 떠나라고 말씀하십니다. 그때의 나이가 75세입니다.
>
> 75세의 나이는 새로운 것에 도전하는 나이가 아닙니다. 새로운 변화를 경험하는 것이 어려운 나이입니다. 그러나 하나님의 뜻 안에서 그는 새로운 자신의 인생의 밑그림을 그립니다. 그리고 남은 자신의 100년의 새로운 인생을 하나님의 뜻 안에서 살아갑니다. 갈대아 우르라는 말은 갈대아어로 '쓸데없이 허비하는 곳' 이라는 뜻을 가지고 있습니다.
>
> 그는 자신의 뜻과 생각 속에 75년의 시간을 보냈습니다. 그러나 하나님의 뜻 안에서 시간을 사용했을 때 하나님은 그를 믿음의 조상으로 복의 근원으로 삼으셨습니다.

A. T. Pierson이라는 분은 이렇게 말합니다.

"나는 하나님이 인도하시는 대로 간다. 하나님이 인도하실 때 간다. 하나님이 인도하시는 곳으로 간다. 지난 20년 동안 내 인생의 기도는 바로 이것이었다."

2. 당신의 인생의 밑그림을 하나님의 뜻이라는 펜으로 그려보십시오. 당신은 남은 인생을 위해 어떤 밑그림을 그릴 것입니까?

_____

3. 세월을 아끼는 지혜를 위해 소개하는 두 번째 방법은 무엇입니까?(18절) 그것이 어떻게 세월을 아끼는 지혜가 됩니까? [68]

_____

SUMMARY 요약하기

흘려보내는 시간을 의미있는 시간으로 보내기 위해 하나님의 뜻이라는 밑그림을 그리고 난 후 해야 할 것이 있습니다. 그것은 밑그림에 색칠하는 것입니다. 밑그림이 하나님의 뜻에 따라 아름답게 그려졌다 할지라도 아직 그 그림은 완성된 것이 아닙니다. 그 그림을 어떤 색연필로 어떻게 채우느냐에 따라 달라지기 때문입니다. 성경은 우리가 그린 밑그림을 채우는 두 가지 방법을 소개하고 있습니다. 하나는 술취함이고 다른 하나는 성령충만입니다.

<〈성령충만과 술취함의 공통점에 대하여〉>

1. 말수가 많아진다. - 술 먹어도 주절주절대고 / 성령 충만해도 "예수님 믿으시오"하면서 복음을 증거한다.
2. 노래한다. - 술 마시면 유행가를 부르고 / 예수님에 충만하면 하나님을 찬양하는 노래를 한다.
3. 권한다. - 술 취한 사람도 술 마시라고 권하고 / 성령에 취한 사람도 믿으라고 권한다.
4. 운다. - 술 마시면 인생이 허무하다며 울고 / 성령 충만하면 나의 죄악을 두고 운다.
5. 용감해진다. - 술 먹으면 아무하고도 싸우자고 하고 / 예수님을 믿으면 복음을 향해 용감해지고 담대해진다.
6. 지배당한다. - 술에 취하면 술에 지배당하고 / 예수님 믿으면 말씀에 지배당한다.
7. 중독된다. - 술 좋아하는 사람은 술 없으면 못 살고 / 성령 충만한 사람은 예수님 없이는 못 산다.
8. 안주가 필요하다. - 술을 마시려면 반드시 안주가 필요한데 / 믿는 사람에게는 말씀이 필요하다.
9. 냄새가 난다. - 술 먹으면 역겨운 냄새가 나지만 / 믿는 사람에게는 그리스도의 향기가 난다.

TOGETHER Reading

술 취한다는 것을 한마디로 정의하자면 세상적인 것으로 시간을 채워나가는 것을 의미합니다. 술 취하는 것처럼 세상적인 것으로 시간과 삶을 채워나가면 우리의 삶의 시계는 절대 크로노스를 벗어나지 못합니다. 세상적인 것으로 채워진 시간은 흘러가는 시간, 무의미하고 순간적인 쾌락과 즐거움으로 가득 찬 시간들이 되고 말 것입니다. 그리고 그것은 방탕한 것 즉 우리의 시간과 영혼을 파괴하는 도구가 되고 맙니다.

그러나 성령 충만하다는 것은 세상적인 것으로 삶을 채우는 것이 아니라 하나님의 것으로 삶을 채우는 것입니다.
1) 하나님의 생명력과 2) 하나님의 말씀과 3) 하나님의 사랑과 4) 하나님의 능력으로 우리의 삶을 채워나가는 것입니다.

하나님의 생명력이 삶에 흘러넘치면 우리는 세상 가운데서 죽어가는 생명을 살리는 사람이 되고 그 일을 위해 시간을 사용하게 됩니다.

하나님의 말씀으로 삶을 채우는 사람은 그 말씀을 통해 하나님의 음성을 듣고 하나님의 뜻에 따라 살아가는 균형잡힌 삶을 살아가게 됩니다.

하나님의 사랑으로 삶을 채우는 사람은 하나님이 세상을 위해 두신 통로가 되어 하나님의 사랑을 세상 가운데 전하고 보여주는 삶을 살아가는 사람이 될 것입니다.

하나님의 능력이 삶과 시간을 채우게 되면 우리는 하나님의 살아계심을 세상가운데 보여주며, 귀신을 몰아내며, 병자를 고치며, 하나님의 파워를 세상가운데 보여주는 삶을 살 것입니다.

성령 충만하여 하나님의 것으로 삶을 채우는 사람들은 절대 시간을 크로노스처럼 흘려보내는 삶을 살 수 없습니다. 순간순간 성령님의 도우심으로 가장 가치있고 소중하고 의미있는 시간을 만들어가는 사람이 될 것입니다.

4. 당신의 삶을 하나님의 것으로 채우기 위해 당신에게 요구되는 결단은 무엇입니까?

_____

5. 세월을 아끼는 지혜에 대한 마지막 가르침은 무엇입니까?(19-20절) [69]

_____

SUMMARY 요약하기

하나님이 우리에게 주신 크로노스의 시간 즉 흘러가는 시간을 의미있고 가치있고 소중한 시간으로 바꾸는 마지막 한 가지 방법은 하나님이 주신 순간순간을 감사로 받아들이는 것입니다.

흘려보내는 크로노스의 시간에는 감사가 상실된 채 불평과 원망, 혹은 무의미함과 무감각으로 일관된 시간입니다. 그러나 삶속에서 감사의 조건들을 찾아내는 순간, 어쩌면 우리가 흘려보낸 크로노스의 시간은 더 이상 의미 없이 흘려보내는 시간이 되지 않고, 의미있게 다가오는 카이로스의 시간이 될 것입니다. 이것이 감사의 힘입니다.

하나님의 뜻이라는 펜으로 밑그림을 그리고, 성령 충만한 삶으로 그 밑그림을 채웠다면, 그 그림을 아름답게 유지하고 보존하여 많은 사람들이 그것을 보고 즐기게 만들기 위해 이제 그림을 액자에 끼우는 작업이 필요합니다. 이것이 바로 감사입니다.

아무리 훌륭한 밑그림을 그리고 그 위에 아름답게 채색을 하였다 하더라도 부주의로 인해 물 한 방울이라도 떨어진다면 그 그림은 망가진 작품이 되고 말 것입니다. 혹은 철모르는 아이들이 연필이나 볼펜을 집어 들어 그 그림들 위에 낙서를 한다면 그것은 더 이상 그림이 아닌 쓰레기가 되고 말 것입니다.

그러므로 이제 우리가 할 일은 아름답게 색칠한 그림을 튼튼하고 보기좋은 액자에다 넣어두는 것입니다. 그 액자가 바로 감사입니다.

6. 오늘 내게 주신 24시간의 시간가운데 불필요하게 자리 잡은 습관적인 시간항목들은 무엇입니까? 또 지금은 없지만 내 하루 삶속에 추가해야 할 시간항목은 무엇입니까?

일하는 데 시간을 바치십시오. 그것은 성공을 위한 투자입니다.

생각하는 데 시간을 바치십시오. 그것은 힘의 원천입니다.

유희에 시간을 바치십시오. 그것은 청춘을 항구화(恒久化)하는 비결입니다.

독서하는 데 시간을 바치십시오. 그것은 지혜의 기초입니다.

예배하는 데 시간을 바치십시오. 그것은 영혼을 성화시키는 바른 길입니다.

친구를 사귀는 데 시간을 바치십시오. 그것은 행복의 원천입니다.

꿈꾸는 데 시간을 바치십시오. 그것은 우리의 이상을 하늘에까지 높이 올려줍니다.

사랑을 하고 사랑을 받는 데 시간을 바치십시오. 그것은 하나님의 자녀들의 특권입니다.

생활하는 데 시간을 바치십시오. 그것은 성공의 비결입니다.

기도하는 데 시간을 바치십시오. 그것은 그리스도께 가까이 나아가도록 도와주고 우리의 눈에서 먼지를 씻어냅니다.

 Feedback 10분

오늘 과정을 통해 당신이 발견한 것은 무엇입니까? 세밀하게 말씀하시는 하나님의 음성에 귀를 기울여보십시오. 하나님은 당신에게 무엇을 말씀하시고 있습니까?

미션 과제

잃어버린 시간 회복 프로젝트(그동안 미뤄왔던 일에 대한 시간계획을 세우고 그 일을 위해 시간을 투자하라.)

튜 · 닝 · 결 · 단

나는 튜닝이 필요합니다. 하나님의 말씀으로 나를 튜닝해 주옵소서.	나는 튜닝이 필요합니다. 튜닝으로 완성된 나의 모습을 보게 하옵소서.	나는 튜닝이 필요합니다. 튜닝되어 쓰임받는 인생이 되게 하옵소서.

10 관계튜닝

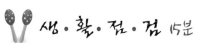 생·활·점·검 15분

1. 생활점검표 – 생활점검표를 작성하면서 발견한 생활의 감사거리 혹은 간증거리를 나누어 보십시오.

_____

2. 큐티점검 – 한 주간 큐티를 하면서 발견한 하나님의 은혜와 하나님의 인도하심을 간증해보십시오.

_____

3. 미션나눔 – 잃어버린 시간 회복프로젝트 나누기

_____

관계의 사전적인 의미는 둘이나 그 이상의 사람들 사이에서 상호적으로 나눈 것입니다. 즉 두 사람 사이에 하나의 관계가 존재하기 위해서 상호적인 어떤 종류의 정보를 제공 또는 공급하는 것을 의미합니다. 유명한 심리학자 크리펜도르프(Krippendorf)는 인간(人間)이란 한자어를 사용한 그의 피라미드이론에서 사람들은 다른 사람들과의 사이에 무엇인가로 채워나가는데 그것이 그들 간의 관계를 형성한다고 말합니다. 즉 돈으로 서로를 채운 사람들은 채무자와 채권자가 되고, 사랑으로 채운 사람들은 연인관계가 되며, 일로 채운 사람들은 고용주와 고용인의 관계가 되는 것입니다. 그렇다면 당신은 지금 무엇으로 당신의 주변 사람들과의 관계를 채우고 계십니까?

● 이 이야기를 읽으면서 당신은 무엇을 느꼈습니까?

_____

● 당신은 누구와(who) 무엇으로(what) 관계를 채워나가고 계십니까?

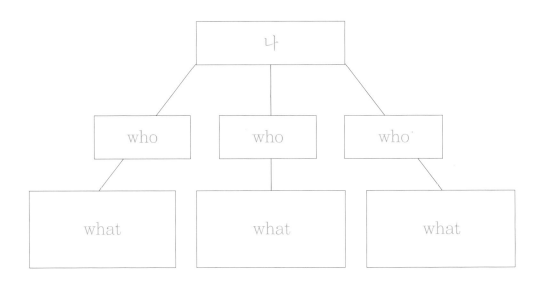

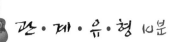

● 아래의 세 장의 그림을 주목하십시오. 여러분은 다음의 그림 중 어떤 그림과 같은 관계 속에 있습니까? 지나친 의존의 관계 속에 있습니까? 서로에게 당당한 관계를 가지고 계십니까? 그러한 관계를 맺고 있는 이유는 무엇입니까?

그림1	그림2	그림3
B가 A를 의존함	A와 B가 서로 의존함	A와 B는 당당한 관계

그림1) A는 똑바로 서있고 B는 A에게 기대어 서 있습니다. 이것은 B가 지나치게 A를 의존하는 관계입니다. A가 일방적으로 B를 받치고 있는 형태이므로 A가 떠나버리면 B는 힘없이 무너져 버리고 말 것입니다. B는 A를 향해 '나는 당신 없으면 못산다' 고 사인을 보냅니다. A도 처음에는 사랑으로 생각하고 기뻐하지만 시간이 흐르면서 이런 B에게 환멸을 느끼게 됩니다.

그림2) A와 B가 서로 의존하는 관계입니다. 둘 다 끊임없이 서로를 향해 당신 없인 못산다는 사인을 보내고 있지만 어느 한쪽이 조금이라도 자세를 바꾸면 금방 쓰러지는 관계입니다. 그렇기에 이 관계는 늘 초긴장 상태를 유지합니다. 서로가 상대에게 지나치게 집착하므로 유사시 서로를 심하게 증오할 수 있습니다. 이런 관계에서는 싸움이 끊이지 않습니다. 이런 관계 역시 병적인 상태를 나타냅니다.

그림3) A와 B가 당당하게 서있는 가장 건강한 관계입니다. 두 사람이 손을 꼭 잡고 함께 걸어가는 관계입니다. 그들은 서로에게 말합니다. "나는 당신을

좋아하고 사랑해요. 하지만 당신이 없어도 나는 혼자 살아갈 수 있어요." 이런 관계는 서로를 존경하고 신뢰하기 때문에 둘 다 서로의 손을 절대로 놓지 않습니다. 이런 관계에서 사랑과 존경이 동시에 유지될 수 있습니다.

● 다시 한 번 위의 그림을 보면서 당신의 인간관계는 주로 어디에 속한다고 생각하십니까? 왜 당신의 인간관계는 그러한 모습으로 서있습니까? 그러한 관계의 장점과 단점에 대해 말해보십시오.

TOGETHER Reading

에릭번이라는 사람이 주장한 〈PAC이론〉이라는 관계유형 이론이 있습니다. 사람은 세 가지 자아상태(Parent, adult, child)를 가지고 있는데 역시 세 가지 자아 상태를 가지고 있는 타인과 관계를 맺게 됩니다. 이 세 가지 자아상태가 적절하게 제각각 균형 잡혀 있을 때에 대인관계가 원만하고, 그렇지 못할 때에는 대인관계가 원만하지 못합니다. 다시 말해서 P.A.C.가 균형 잡힌 사람은 상황에 따라서 각각의 특성을 잘 드러냅니다. 예를 들어 학교 선생님 같은 경우 학생들을 가르칠 때는 어버이의 특성이, 학생들과 어울릴 때에는 어린이의 특성이 나타나고 그들의 문제를 함께 들어주고 상담해 줄 때는 어른의 성격이 나타나야 좋은 선생님으로서의 역할을 감당할 수 있습니다. 그러나 어느 한쪽 요소만 지나치게 강화된 사람은 병적인 인간관계를 형성하기 쉽습니다.

성인(adult)의 성격이 강화된 사람은 어디를 가든지 어른 노릇을 하려고 합니다. 대인관계에서 상대방에게 지시하기 좋아하고 다른 사람의 의견을 무시하고 심판자처럼 행동하는 경향이 있습니다. 반면에 어린이 성격이 지배적인 사람은 어느 곳에서도 주도적이지 못합니다. 이런 사람은 무슨 일을 하든지 수동적이고 피동적입니다. 자신의 의견이 없습니다. 있다고 하더라도 적절히 표현하지 못합니다. 의존적이기 때문에 사람들에게 무시당하고 그로인해 상처를 받게 됩니다.

● 당신 속에 숨어있는 세 가지 자아상태 즉 어버이 성격, 어른 성격, 어린이 성격을 찾아보십시오. 이 세 가지가 적절하게 균형을 맞추고 있습니까?

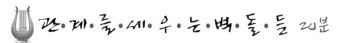

관·계·를·세·우·는·벽·돌·들 20분

1. _____[70] : 가장 오래 지속되는 것

사랑에 대해 소개한 책 중 가장 역동적이고 포괄적인 내용을 담고 있는 것은 성경입니다. 성경 속에는 하나님과의 사랑으로부터 이웃사랑에 이르기까지 다양하고도 세밀한 사랑이야기를 담고 있습니다. 특별히 돌봄, 관심, 친절함, 관대함과 같은 능동적인 사랑에 대한 표현에서부터 좋아하는 것(공감), 우정, 부드러움, 용서, 연민 같은 애정적인 단어들로 가득 차 있습니다.

사랑을 손상시키거나 사랑이 지속적으로 성장하는 것을 어렵게 하는 구체적인 태도나 행동양식은 잔인함(사람들이 서로에게 행하는 끔찍한 행동), 싫어함(다른 사람을 향한 반감, 혐오감, 역겨워하는 느낌), 거절(가까움이나 친밀함을 제공하는 것이나 요청하는 것에 대한 거부), 물러섬과 냉담함(거절의 형태이나 거절보다는 더욱 고의적), 불평(감사하지 않음), 소홀함(돌보지 않고 참여하지 않으며 무관심하고 태만한 것), 마지막으로 시기(다른 사람의 성공이나 유명해짐, 특권, 성취나 업적을 부러워하는 나쁜 의지)입니다.

2. _____[71] : 가장 깨어지기 쉬운 것

　신뢰는 가장 깨어지기 쉽고, 깨어진 신뢰는 회복하기가 아주 어렵습니다. 신뢰를 나타내는 말로는 자신감(가장 확실할 때의 신뢰), 충성(가장 위탁된 신실함), 진실, 일관성(가장 원리화된 진실성), 약속 등이 있습니다. 우리의 관계 속에서 신뢰를 구축하고 서로 간에 신실함을 계발하기 위해서 다음의 몇 가지를 기억해야 합니다.

　1) 당신이 위험을 감수해야 함을 기억하십시오. 누군가를 신뢰한다는 것은 이미 위험을 가지고 출발하는 것입니다.

　2) 먼저 누군가를 신뢰할 때 그들의 강점에 신뢰를 두고 약점에 두지 마십시오.

　3) 일의 성취에 대한 칭찬을 신속하게 하고 당신이 상대방에게 갖는 믿음을 표현하십시오.

　4) 사람들이 실패할 때 또 다른 기회를 주십시오.

　5) '나는 당신을 신뢰했지만 당신은 나를 실망시키는군요' 라는 말을 절대 하지 마십시오. 신실함으로 사람들의 신뢰를 구축해 나가십시오.

　신뢰를 깨뜨리는 것은 비밀을 깨는 행동이나 말, 신실치 못함이나 불충성, 배반, 부정직함, 믿지 못하게 만드는 행동과 사려가 없고 돌보지 않는 행동, 도덕적인 결함, 자신감의 결여, 마지막으로 불공평과 불의함입니다.

3. _____[72] : 가장 소홀히 취급되기 쉬운 것

　관계를 형성하는 데 있어 가장 험난하고도 오래 지속되는 것이 사랑이고 가장 깨어지기 쉬운 것이 신뢰라면, 오늘날 우리 사회에서 가장 간과되고 소홀히 취급되는 것은 존경 또는 명예입니다. 존경은 다른 사람의 존엄성과 가치를

인정해 주는 것입니다. (예: 홈런 신기록의 홈런볼 혹은 유명스타의 사인)

관계가 가치를 인식하는 것이라면 우리는 가치가 어디에서 오고 어떻게 생기는지를 결정해야 합니다. 성경은 우리에게 세 가지 가치척도를 말합니다.

1) 첫 번째는 내재적인 가치입니다.

그것은 사람이나 물건의 본질에 속하는 가치입니다. 만일 당신이 금장식물을 가지고 있다면 그것을 망치로 부숴버릴 수도 있고, 가루로 만들어 버릴 수도 있으며, 불에 태울 수도 있습니다. 그러나 파괴되지 않는 가치가 있는데 그것은 금속의 가치입니다. 금속이란 금장식물의 내재적인 가치인데 이것은 감소될 수도 없고 양도할 수도 없고, 파괴할 수도 없는 가치입니다. 내재적인 가치는 주어진 것이지 얻어지거나 받을 가치가 있어서 받은 것이 아닙니다.

2) 두 번째 가치척도의 방법은, 성품의 가치입니다.

오늘날은 능력이 그 사람의 성품보다 더 중요하게 여겨지고 있습니다. 교회에서조차도 은사나 사역을 경건한 성품보다 더 명예롭게 여길 정도로 일반사회의 가치평가 기준에 압도당하고 있습니다. 그러나 성경이 우리에게 말하는 강조점은 은사와 능력, 재능이 아니라 성품에 있습니다. 성품은 은사보다 사람을 더 정확하게 진단할 수 있는 요소입니다. 예를 들어 신약에서 장로나 집사를 세울 때 그들이 어떤 능력이 있고, 무엇을 할 수 있느냐에 대한 분명한 원칙을 세운 것은 없지만, 어떤 종류의 사람이 되어야 하는가에 대해서는 매우 관심을 보이고 있습니다.

3) 세 번째, 일이나 성취에 따라 가치가 인식되는 것입니다.

성취는 얻는 것이지 주어지는 것이 아닙니다. 그 성취를 이루기 위해 남들보다 더 많은 노력과 투자와 헌신이 따라야 합니다. 우리가 박수를 보내는 세계적인 연주자들이나 운동선수는 그냥 주어진 것이 아닙니다. 물론 천부적인 재주를 타고 나기도 하지만 그들은 적어도 남들보다 더 많은 시간을 그 성취를 얻기 위해 노력했다는 점에서 존경 받을 만합니다.

가치의 측정	어떻게 가치를 얻는가?	존경의 대상
본능적인(내재적인)	주어진 것, 얻는 것이 아님	개인의 영원한 가치
성품	얻는 것, 주어진 것이 아님	어떤 사람이 되었는가?
행함	얻는 것, 주어진 것이 아님	어떠한 일을 성취했는가?

존경을 손상시키는 것들은 능숙하지 못하여 반복되는 실수, 무책임함, 이기심, 자기연민이나 자기탐닉, 도덕적인 실패, 마지막으로 모든 형태에서 나타나는 비열함입니다.

4. _____또는 _____[73] : 가장 오래 걸리는 것

이해라는 말은 영어로 Understand라는 단어를 사용합니다. 이 말은 다른 사람의 아래에 서서 그 사람을 바라본다는 뜻입니다. 다른 사람의 입장에서 아니 그보다 더 못한 상황 속에 있는 자신의 모습으로 다른 사람을 바라볼 때 비로소 이해할 수가 있다는 말입니다.

대인관계를 위시한 모든 관계 속에서 문제가 발생되는 가장 근원적인 이유는 바로 이해의 부족 때문입니다. 이해하는 것에 대한 장벽 중 가장 큰 원인은 커뮤니케이션의 결핍과 부적절한 커뮤니케이션 때문입니다. 부끄러움이나 수줍음, 열등감, 불안정, 자아에 대한 지식이나 이해의 결핍 등이 그 대표적인 예입니다.

〈 '깨어진 관계의 회복' (탐 마샬, 예수전도단), 중에서 요약, 1995년〉

 관·계·가·깨·어·지·는·이·유 10분

● 관계가 깨어진 사람들을 떠올리십시오. 관계가 깨어지는 이유가 무엇입니까? 특별히 당신이 주변사람들과 관계가 깨어지는 원인이 누구에게 있습니까?(당신? 혹은 타인?)

관계가 깨어지는 수많은 이유가 있습니다. 거절당함, 싫어함, 냉담함, 소홀함, 시기, 비밀을 깨버림, 신실하지 않음, 배반, 부정직함, 도덕적인 결함, 불의함, 반복되는 실수, 무책임함, 이기심, 탐욕, 불공정함, 약속 깨뜨림, 이중적인 태도, 분노 등입니다. 이러한 삶의 행동으로 나 자신이 관계를 깨뜨리기도 하고 다른 사람의 손에 의해 관계가 깨어지기도 합니다.

그러나 관계가 깨어지는 배후에는 관계브레이커(breaker)인 사탄이 존재하고 있다는 것을 기억해야 합니다.

창세기 3장에도 사탄은 하나님과 좋은 관계를 맺고 있는 아담과 하와를 그냥 두지 않습니다. 먼저 다가와 유혹합니다. 관계를 깨뜨리는 선악을 알게 하는 실과로 유혹합니다. 자신이 직접 따다가 먹이는 것이 아닙니다. 그냥 보여주는 것입니다.

단순한 선악과나무로 유혹하지만 결과는 선악을 알게 하는 나무실과를 따먹은 것이 아니라 하나님과의 관계를 깨뜨리는 결과를 낳게 됩니다. 이것이 문제입니다.

우리가 생각하는 죄는 단순히 어떤 행위, 어떤 결과이지만 사탄이 유도하는 것은 단순히 그 현상과 결과가 아닙니다. 사탄의 궁극적인 목적은 관계를 깨뜨리는 것입니다.

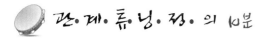

관·계·튜·닝·장·의 (6분)

관계튜닝이란 무너진 관계, 깨어진 관계 속에서 무감각하게 살아가던 자들이 관계빌더relationship builder로 부르심을 깨닫고 관계브레이커인 사탄과의 영적전쟁을 선포하는 것에서 시작됩니다. 보디빌더가 몸을 세우는 자라면, 관계빌더는 깨어진 관계를 세우는 자들입니다.

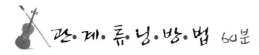

관·계·튜·닝·방·법 60분

● 누가복음 15장18–24절의 말씀을 읽으십시오.

> 18 내가 일어나 아버지께 가서 이르기를 아버지 내가 하늘과 아버지께 죄를 지었사오니
> 19 지금부터는 아버지의 아들이라 일컬음을 감당하지 못하겠나이다 나를 품꾼의 하나로 보소서 하리라 하고
> 20 이에 일어나서 아버지께로 돌아가니라 아직도 거리가 먼데 아버지가 그를 보고 측은히 여겨 달려가 목을 안고 입을 맞추니
> 21 아들이 이르되 아버지 내가 하늘과 아버지께 죄를 지었사오니 지금부터는 아버지의 아들이라 일컬음을 감당하지 못하겠나이다 하나
> 22 아버지는 종들에게 이르되 제일 좋은 옷을 내어다가 입히고 손에 가락지를 끼우고 발에 신을 신기라
> 23 그리고 살진 송아지를 끌어다가 잡으라 우리가 먹고 즐기자
> 24 이 내 아들은 죽었다가 다시 살아났으며 내가 잃었다가 다시 얻었노라 하니 그들이 즐거워하더라

1. 품꾼의 하나로 써달라는 각오로 아버지의 집으로 돌아왔던 아들에게 어떤 일이 일어났습니까?(20절) 누가 먼저 손을 내밀고 있습니까? [74]

SUMMARY 요약하기

　오늘 본문의 탕자는 말 그대로 죄인이었습니다. 아버지의 품을 떠났고, 아버지께 받은 재산을 탕진했으며, 자신에게 주어진 인생의 첫 번째 기회를 창기들과 함께 보내면서 허비했습니다. 스스로 생각해도 자신은 하나님과 아버지께 죄인이었습니다. 그리고 자신의 아버지를 아버지라고 부를 수 없을 만큼 그의 과거는 초라했고, 떳떳하지 못했습니다.

　그럼에도 불구하고 아버지는 초라한 모습으로, 자신에게 잊을 수 없는 상처를 준 아들을 향해 먼저 달려갑니다. 자신이 먼저 목을 안고 입을 맞추었습니다. 그의 과거를 묻지도, 그를 향한 질책도 하지 않았습니다.

　종들에게 가장 좋은 옷을 내어다가 입히라고 말합니다. 손에 가락지를 끼웠고, 발에 신을 신겼습니다. 그를 위해 잔치를 베풀었습니다.

　기억하십시오. 아버지가 먼저 달려가야 합니다. 아버지가 먼저 손을 내밀어야 합니다. 왜냐하면 아버지가 먼저 손 내밀지 못하면 아들은 또 떠나갈 수밖에 없습니다. 아버지에 대한 미안함과 죄책감 때문에 말입니다.

2. 당신은 먼저 손 내미는 편입니까? 아니면 누군가 당신에게 손 내밀기를 기다리는 편입니까? 그 이유가 무엇입니까? 당신은 누구에게 먼저 손 내밀어야 합니까? 왜 당신은 먼저 손 내밀지 못합니까?

_____

_____

_____

어느 한 부부가 부부싸움을 하다 남편이 몹시 화가 났습니다. 화가 난 남편은 아내에게 소리를 질렀습니다.
"당장 나가 버려!"
아내도 화가 나서 벌떡 일어섰습니다.
"흥, 나가라고 하면 못 나갈 줄 알아요!"

그런데 잠시 후, 아내가 다시 자존심을 내려놓고 집으로 들어갔습니다. 아직도 화가 풀리지 않은 남편은 왜 다시 들어오느냐고 소리를 질렀습니다.
"나에게 가장 소중한 것을 두고 갔어요!"

"그게 뭔데?"
"그건 바로 당신이에요!"
남편은 그만 피식 웃고 말았습니다. 그리고 부부싸움은 끝이 나고 말았습니다.
먼저 손은 내미는 것은 내가 먼저 나의 자존심을 내려놓는 것입니다. 그것이 깨어진 관계를 회복하는 시작입니다.

3. 아버지가 둘째 아들을 바라보는 시각과 큰아들이 동생을 바라보는 시각의 차이는 무엇입니까? [75]

SUMMARY 요약하기

오늘 본문 속에는 두 가지 시각이 존재하고 있습니다.

첫째는, 돌아온 동생을 바라보는 형의 시각입니다. 그에게 동생은 아버지의 많은 재산을 창기와 함께 날려버린 죄인이었습니다. 비난받아 마땅하고, 남들에게 알려질까 두렵고 창피한 동생이었습니다. 그의 시각은 철저하게 동생의 과거에만 초점이 맞추어졌습니다. 그러나 아버지의 시각은 달랐습니다. 그에게 아들은 죽었다가 살아온 자였고, 잃었다가 다시 찾은 소중하고 귀한 존재였습니다. 아버지에게 아들의 과거는 중요하지 않았습니다. 아들이 돌아왔다는 사실과 그리고 많은 죄를 짓고 왔지만 여전히 자신의 아들이라는 현재가 더 중요했습니다. 이것이 관계회복의 두 번째 키(key)입니다. 과거가 아닌 현재를 보는 시각 말입니다.

30년대 말 독일의 한 대학에서 공부하던 학생이 있었습니다. 그에게는 기숙사에서 함께 공부하던 유태인 친구 한 사람이 있었는데, 그는 늘 마음이 답답하고 힘들 때마다 히브리어로 시편 23편을 암송했습니다. 그래서 이 친구도 그와 함께 성경을 읽고 시편23편을 히브리어로 배워 같이 암송하곤 했습니다. 그러던 어느 날 게슈타포가 와서 유태인 친구를 잡아 트럭에 태우고 있다는 말을 들었습니다. 그래서 그는 친구의 마지막 모습을 보기 위해 트럭을 향해 달려갔습니다. 그런데 그 유태인 친구는 죽음을 향해 끌려가면서도 너무나도 평안하고 밝은 얼굴로 시편 23편을 노래하고 있었습니다. 그것은 그에게 큰 감동으로 다가왔습니다. 결국 그 친구는 그 이후 생사를 알 수가 없었습니다.

전쟁이 점점 확대되자 이 독일인 친구도 군에 입대하게 되었고, 1944년 소련군의 포로가 되어 총살을 당하게 되었습니다. 그때 소련군 사령관이 말합니다.

"죽기 전에 하고 싶은 말이 있으면 하라"

그때 그의 머릿속에 죽음을 앞에 두고 너무나 밝게 웃으며 시편을 암송하던 자신의 친구의 모습이 떠올랐습니다. 그래서 이 사람도 일어나서 시편 23편을 암송하기 시작했습니다. 그런데 이상한 일이 일어났습니다. 소련군 사령관이 갑자기 일어나더니 함께 시편 23편을 노래하기 시작합니다. 알고 보니 이 사람도 유태인이었습니다. 노래가 끝난 후 모든 사람들이 다 이 사람을 죽이자고 할 때 사령관이 말합니다.

"하나님의 자녀는 악마의 제목을 입고 있어도 하나님의 자녀다."

우리가 과거에 어떤 옷을 입고 살았는가는 중요하지 않습니다. 지금 내가 하나님의 자녀라는 것, 하나님이 나를 보배롭고 존귀하게 여기신다는 것 그것이 지금 우리에게 중요합니다. 예수님은 자신을 세 번이나 부인한 베드로의 허물을 들추어내지 않았습니다. 예수님은 간음한 여인의 과거를 정죄하지 않으셨습니다. 요셉도 자신을 팔았던 형제들의 잘못과 허물을 보지 않았습니다. 호세아도 자신의 아내 고멜의 과거를 보지 않았습니다. 이러한 시각의 변화가 관계회복의 열쇠입니다.

4. 당신이 어떤 사람을 볼 때 주로 보는 것은 그 사람의 과거입니까? 아니면 그 사람의 현재와 미래입니까? 그 사람의 약점(부정적인 면)입니까? 아니면 그 사람의 강점(긍정적인 면)입니까? 당신의 관점이 그렇게 고정된 이유가 무엇입니까? 그러한 관점의 결과는 무엇입니까?

5. 누가복음 15장에 나오는 세 비유의 공통적인 특징은 무엇입니까? 왜 그들은 그러한 투자를 하고 있습니까? 76)

_____

_____

> 4 너희 중에 어떤 사람이 양 백 마리가 있는데 그 중의 하나를 잃으면 아흔아홉 마리를 들에 두고 그 잃은 것을 찾아내기까지 찾아다니지 아니하겠느냐
> 5 또 찾아낸즉 즐거워 어깨에 메고
> 6 집에 와서 그 벗과 이웃을 불러 모으고 말하되 나와 함께 즐기자 나의 잃은 양을 찾아내었노라 하리라
> 8 어느 여자가 열 드라크마가 있는데 하나를 잃으면 등불을 켜고 집을 쓸며 찾아내기까지 부지런히 찾지 아니하겠느냐
> 9 또 찾아낸즉 벗과 이웃을 불러 모으고 말하되 나와 함께 즐기자 잃은 드라크마를 찾아내었노라 하리라
> 22 아버지는 종들에게 이르되 제일 좋은 옷을 내어다가 입히고 손에 가락지를 끼우고 발에 신을 신기라
> 23 그리고 살진 송아지를 끌어다가 잡으라 우리가 먹고 즐기자

SUMMARY 요약하기

오늘 누가복음15장에 나오는 세 비유들은 공통적인 한 가지 특징이 있습니다. 그것은 잃어버린 어떤 것을 찾았을 때의 반응입니다. 잃어버린 양을 찾았을 때 목자는 그 벗들과 이웃을 불러 즐겼습니다.(6절) 잃어버린 은전을 찾았을 때 여인은 벗과 이웃을 불러 즐겼습니다.(9절) 그리고 잃어버린 아들이 돌아왔을 때 아버지는 살진 송아지를 잡아 사람들로 더불어 즐깁니다.(23절)

이 세 비유에서 잃어버린 어떤 것을 찾았을 때 일어나는 공통적인 반응은 바로 "즐기는 것"입니다. 그것도 벗과 이웃들을 불러 잔치를 벌이고 있습니다. 이것이 얼마나 비경제적이고 비논리적인 행동입니까? 왜 그들이 그러한 행동을 하고 있을까요? 그것은 바로 잃어버린 것의 가치 때문입니다. 즉 소중한 것을 찾았다는

기쁨의 가치 때문입니다. 그 가치가 그들로 하여금 한 사람을 위한 축제 속으로 나가게 만들었습니다. 가치는 누가 만들어 주는 것이 아닙니다. 가치는 바로 나 자신이 만들고, 나 자신이 부여하는 것입니다.

어느 분이 탕자의 이야기의 후편을 기록했습니다. 그 이야기는 다음과 같습니다.
그때 탕자의 아버지는 극진한 사랑으로 탕자를 맞이했습니다. 탕자는 자기의 잘못을 뉘우치고 아버지 집에서 잘 살았습니다. 그런데 탕자가 또 집을 떠났습니다. 하지만 이번에는 사랑하는 아버지를 위해서 집을 떠났습니다. 아버지는 그럴 필요가 없다고 반대했지만 탕자는 사랑하는 아버지에게 돈을 벌어 귀한 선물을 사드리려고 집을 떠난 것입니다. 다시 떠난 탕자는 정말 열심히 일했습니다. 탕자는 아버지가 보고 싶었지만 꾹 참고 부지런히 돈을 모았습니다. 사랑하는 아버지를 위해서 말입니다.
5년 후 탕자는 성공했고, 많은 돈을 벌었습니다. 그리고 사랑하는 아버지에게 드릴 좋은 선물을 가지고 집으로 돌아왔습니다. 하지만 탕자가 집에 도착했을 때 아버지는 집에 계시지 않았습니다. 바로 한 달 전, 아버지는 병으로 돌아가셨기 때문입니다. 아버지의 죽음 앞에서 탕자의 마음은 너무 아팠습니다. 그리고 그를 더욱 더 가슴 아프게 한 것은 아버지의 유서였습니다.
"사랑하는 아들아! 나에게는 아무 것도 필요 없단다. 정말로 내게 필요한 것은 바로 너와 함께 있는 것이란다. 네가 정말 보고 싶구나."

아버지가 정말 바라는 것은 아들이 자신을 위해 돈을 벌어주는 것도, 좋은 선물을 사주는 것도 아닙니다. 단지 그와 함께 있는 것 즉 관계를 형성하는 것이었습니다. 이것이 바로 하나님 아버지의 마음입니다.

6. 누군가와 관계를 회복(튜닝)하기 위해 당신이 했던 최고의 행동은 무엇이었습니까? 당신과의 관계회복이 필요한 사람들의 이름을 적어보십시오. 그들과의 관계회복(튜닝)을 위해 당신이 우선적으로 해야 할 것들은 무엇입니까?

_____

_____

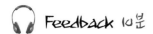 **Feedback** 10분

오늘 과정을 통해 당신이 발견한 것은 무엇입니까? 세밀하게 말씀하시는 하나님의 음성에 귀를 기울여보십시오. 하나님은 당신에게 무엇을 말씀하시고 있습니까?

미션 과제

관계회복을 위한 편지쓰기 (한 통–발송, 한 통–복사해서 제출(피드백기록하기))

튜 • 닝 • 결 • 단

나는 튜닝이 필요합니다.

하나님의 말씀으로 나를 튜닝해 주옵소서.

나는 튜닝이 필요합니다.

튜닝으로 완성된 나의 모습을 보게 하옵소서.

나는 튜닝이 필요합니다.

튜닝되어 쓰임받는 인생이 되게 하옵소서.

습관튜닝

생·활·점·검 15분

1. 생활점검표 – 생활점검표를 작성하면서 발견한 생활의 감사거리 혹은 간증거리를
   나누어 보십시오.

   _____

2. 큐티점검 – 한 주간 큐티를 하면서 발견한 하나님의 은혜와 하나님의 인도하심을
   간증해보십시오.

   _____

3. 미션나눔 – 관계회복을 위한 편지 읽기

   _____

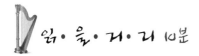

어느 날 나이 많은 선생이 제자를 데리고 숲속으로 산책을 나갔습니다.

그러다가 선생은 갑자기 발을 멈추고, 그 옆에 있는 네 식물을 가리켰습니다.

첫째 식물은 이제 막 땅을 뚫고 나오고 있었고, 둘째는 흙 속에 제법 뿌리를 내리고 있었습니다. 셋째는 작은 나무가 되어 있었고, 넷째는 다 자란 나무가 되었습니다.

선생이 제자에게 말했습니다.

"첫째 식물을 뽑아 보아라."

청년은 손가락으로 그것을 쉽게 뽑아 올릴 수 있었습니다.

"그러면 이제 둘째 식물을 뽑아 보아라."

청년은 뽑긴 했으나 그렇게 쉽지는 않았습니다.

"이제는 셋째 식물을 뽑거라."

청년은 모든 힘을 다해 뿌리를 뽑아냈습니다.

"자, 이제 넷째 식물을 뽑아내라."

그런데 그 나무는 이미 다 자랐으므로 청년의 두 팔로도 단지 가지를 흔들 수 있었을 뿐이었습니다.

선생이 청년에게 말했습니다.

"인간의 나쁜 버릇도 바로 이런 거란다. 처음 생겼을 때는 하나님의 도우심으로 쉽게 잘라 버릴 수 있지. 그러나 그것이 오래 되면 힘들단다. 아무리 기도를 하고, 진지하게 사투를 벌인다 하더라도 나쁜 버릇은 이기기 어려운 거야."

● 이 이야기를 읽으면서 당신은 무엇을 느꼈습니까?

_____

_____

습·관·의·정·의 비분

습관은 같은 상황에서 반복행동의 결과로 고정된 행동 형태를 말합니다. 주기적으로 반복하는 식사나 수면 습관, 풍속□문화 등 넓은 관습에 대해서도 습관이라고 합니다. 습관이란 정형적이며 자동적으로 발생하는 반응이라는 점에서 자유롭게 변화하는 의도적(意圖的) 반응과 구별됩니다.

습관[명사]
1. 어떤 행위를 오랫동안 되풀이하는 과정에서 저절로 익혀진 행동 방식.
2. 학습된 행위가 되풀이되어 생기는, 비교적 고정된 반응 양식.

버릇[명사]
1. 오랫동안 자꾸 반복하여 몸에 익어 버린 행동.
2. 윗사람에 대하여 지켜야 할 예의.

● 내가 가진 좋은 습관 그리고 나쁜 습관들은 무엇입니까?

_____

습·관·만·들·기 20분

사람의 행동가운데 95%는 습관의 영향을 받는다고 합니다. 시카고 대학교의 벤자민 블룸 박사는 유명한 학자와 예술가, 운동선수를 대상으로 5년 동안 조사를 벌였습니다. 분야별로 최고라고 불리는 20명을 대상으로 실시한 면접 조사였습니다. 이 연구 결과에 따르면 "성공을 이끈 중요한 요소는 타고난 재능이나 능력이 아니라 좌절과 실패에도 불구하고 끊임없이 노력하는 습관"이었다고 합니다.

새 습관 7단계 형성법

1단계. _____ 77) 하라

항상 특정 방식으로 행동한다고 단단히 결심하십시오. 예를 들어, 매일 아침 일찍 일어나 운동을 하겠다는 결심을 하면 그 시간에 자명종 시계가 울리도록 하십시오. 시계가 울리면 즉시 일어나 운동복으로 갈아입고 운동을 시작하십시오.

2단계. _____ 78) 를 인정하지 말라

새 습관의 형성기에 예외를 인정하지 마십시오. 핑계를 만들지 말고 합리화하지 마십시오. 의무를 저버리지 마십시오. 매일 아침 6시에 일어나기로 결심하면 자동적인 습관이 될 때까지 6시에 일어나는 연습을 반복하십시오.

3단계. _____ 79) 에게 말하라

특정한 행동 습관을 익히는 중이라고 주변 사람들에게 말하십시오. 결심을 밀고 나가는 당신을 지켜보는 사람이 있다고 생각하며 놀랄 만큼 굳은 결심으로 원칙을 지켜 나가십시오.

4단계. 새로운 자신을 _____ 80) 하라

마음의 눈으로 특정한 방식으로 행동하는 자신을 보십시오. 새 습관을 이미 익힌 당신의 모습을 더 자주 시각화하고 상상하십시오. 새 습관은 더 자주 시각화할수록 더 빨리 무의식 속으로 들어가고 자동적인 버릇이 됩니다.

5단계. _____ 81) 하라

스스로 반복해서 확언하십시오. 습관을 형성하는 속도를 높여줄 것입니다. 예를 들어, "나는 매일 아침 6시에 일어나 일을 시작할거야!"라고 말할 수 있습니다. 자기 전에 이 말을 반복하십시오. 대부분의 경우 시계가 울리기 전에 저절로 깨기 때문에 곧 자명종 시계가 필요 없어질 것입니다.

6단계. 굳은 _____ 82) 으로 밀어붙여라

결심한 일을 하지 않으면 불편함을 느낄 정도로 새 습관이 자동적이고 쉬운 일이 될 때까지 계속 연습하십시오.

7단계. 자신에게 _____ 83) 하라

가장 중요한 일은 새 습관을 익히는 자신을 잘 대우하는 것입니다. 스스로에게 보상을 할 때마다 행동을 재확인하고 강화하게 됩니다. 무의식 속에서 보상의 즐거움을 만끽하는 것입니다. 행동이나 결심의 성과로 얻는 긍정적 결과에 대해 강한 애착을 보일 것입니다.

러시아의 교육가 우신스키는 '좋은 습관은 사람의 사고방식 속에서 존재하는 정기적금 혹은 예금(자본)이다. 이 예금은 계속 늘어나며 사람들은 일생을 살아가면서 그 이자를 얻는다.'고 말했습니다. 반대로 나쁜 습관은 '도덕적으로 갚지 못한 빚이라고 할 수 있는데 이 빚은 계속 이자가 붙어 사람들을 괴롭힌다'고 말합니다. 이 나쁜 습관은 사람들의 노력을 물거품으로 만들기도 하고 심하면 한사람을 도덕적으로 파산시키기도 합니다. 나쁜 습관은 마치 빚을 진 것처럼 그 빚의 이자 때문에 우리의 삶을 힘들게 만듭니다.

 습·관·튜·닝·의·정· 의 20분

　습관튜닝이란 자신이 행하는 것을 알지 못하고, 자신이 원하는 것도 행하지 못하면서 오히려 자신이 미워하는 행동(롬7:15)을 반복하는 육체적인 삶에서 돌이켜 성경이 제시하는 경건한 습관을 가지기 위한 영적 결단과, 성령의 열매로 육체의 습관들을 대신하는 행동을 말합니다.

과즉물탄개(過則勿憚改) : 잘못이 있으면 즉시 고치기를 꺼리지 말라.(논어 학이(學而)편)
過 : 허물 과 / 則 : 곧 즉 / 勿 : 말 물 / 憚 : 꺼릴 탄 / 改 : 고칠 개

습·관·튜·닝 50분

● 에베소서 4:22-24절을 읽으십시오.

> 22 너희는 유혹의 욕심을 따라 썩어져 가는 구습을 따르는 옛 사람을 벗어 버리고
> 23 오직 너희의 심령이 새롭게 되어
> 24 하나님을 따라 의와 진리의 거룩함으로 지으심을 받은 새 사람을 입으라

1. 습관을 튜닝하는 가장 기본적인 방법은 무엇입니까?(22절) [84]

SUMMARY 요약하기

습관튜닝을 위해 가장 기본적으로 가져야 할 결단은 '벗어버리는 것'입니다. 습관은 마치 옷과 같아서 우리의 삶에 너무나 익숙한 부분이 되어 버렸습니다. 나쁜 습관을 가지는 것은 너무 쉽습니다. 그러나 결국은 그 습관이 우리의 삶을 힘들게 만듭니다. 왜냐하면 나쁜 습관은 욕심과 정욕에서 출발하고 그것이 현재 우리의 모습을 썩어져가게 만들기 때문입니다.

그러나 좋은 습관을 가지는 것은 어렵지만 우리의 삶을 유익하게 만듭니다. 그러므로 습관을 튜닝하는 가장 좋은 방법은 나쁜 습관을 벗어버리고 좋은 습관의 옷으로 갈아입는 것입니다.

> 옛날에 한 인디언 노인이 어린 손자손녀에게 이런 이야기를 들려주었습니다.
> "어느 날 할아비 마음속에 사는 늑대들이 싸우기 시작했단다. 늑대 두 마리가 싸우기 시작한 거야. 한 마리는 두려움과 분노와 시기심과 슬픔과 욕심과 오만함과 자기연민과 죄책감과 원한과 열등감과 거짓말과 자만심과 우쭐거림과 그리고 자존심이 하늘을 찌르는 녀석이었단다. 다른 한 녀석은 즐거움과 평화와 사랑과 희망과 나눔과 평온과 겸손함과 친절함과 자비심과 우정과 너그러움과 진실과 공감과 신념으로 가득한 놈이었어. 너희들도 언젠가 어른이 되면 마음속에 사는 이

늑대 두 마리가 싸울 때가 있을 거란다."

아이들은 잠시 이 말을 곰곰이 생각해 보더니 한 아이가 할아버지에게 물었습니다.

"어떤 늑대가 이겼나요? 노인의 대답은 간단했습니다.

"그야, 이 할아비가 먹이를 주는 쪽이지."

그렇습니다. 나쁜 습관이 강해지는 이유는 우리가 자꾸 그 습관에게 먹이를 주기 때문입니다. 그러나 만약 나쁜 습관을 벗어버리기 위해 그 습관을 굶주리게 한다면 결국 그 습관은 힘을 잃어버릴 것입니다. 조 비테일〈인생의 놓쳐버린 교훈〉 중에서

2. 우리가 가지고 있는 나쁜 습관들을 떠올려 보십시오. 그 습관들을 가지게 된 이유가 있습니까? 그 습관들을 버리기 어려운 이유가 무엇입니까?

_____

_____

3. 당신이 살아오면서 버린(고친) 습관이 있습니까? 어떤 이유 때문에 그 습관을 버리게 되었습니까? 그것이 당신에게 어떤 유익을 주었습니까?

_____

_____

4. 습관을 튜닝하는 창조적인 방법은 무엇입니까?(24절) [85]

_____

_____

SUMMARY 요약하기

나쁜 습관을 없애는 방법은 나쁜 습관을 없애려고 하기보다 좋은 습관으로 나쁜 습관을 대신하는 것입니다. 이미 수십 년간 길들여진 나쁜 습관은 그 뿌리가

막강하여 결코 함부로 뽑아내기가 어려웠습니다. 그러므로 나쁜 습관을 대신할 좋은 습관들을 계발해야 합니다. - 잭D. 핫지 〈습관의 힘〉 중에서

육체의 소욕은 성령을 거스르고 성령의 소욕은 육체를 거스릅니다.(갈 5:17) 육체의 소욕과 같은 우리의 썩어져가는 구습을 쫓기 위해서는 성령의 소욕으로 그것들을 대신해야 합니다. 왜냐하면 이 둘이 서로 대적하기 때문입니다.

〈크리스천의 New 습관〉

1) _____[86] 의 습관

> 너희는 먼저 그의 나라와 그의 의를 구하라 그리하면 이 모든 것을 너희에게 더하시리라(마태복음6:33)

SUMMARY 요약하기

의의 습관이란 하나님의 의를 먼저 구하는 습관을 말합니다. "의에 주리고 목마른 자"가 되는 것입니다.
우리 스스로는 의인이 될 수 없지만 의롭게 살려고 애를 쓰는 삶, 하나님의 의를 먼저 구하고 그 의를 이 땅 위에 세우기 위해 달려가는 습관을 가질 때 하나님이 인정하시는 의인의 삶을 살 수 있습니다.

2) _____[87] 의 습관

> 진리의 말씀이 내 입에서 조금도 떠나지 말게 하소서 내가 주의 규례를 바랐음이니이다.(시편119:43)

SUMMARY 요약하기

　진리의 습관은 우리 인생의 참 진리 되신 주님을 따라가는 삶을 말합니다. 인생의 참 진리 되신 하나님의 말씀을 따라 살아가는 것입니다. 우리가 썩어져가는 구습을 버리기 위해서는 진리 되신 하나님의 말씀을 믿고 말씀대로 살아가려고 애쓰는 습관이 필요합니다.

3) ＿＿＿＿＿＿＿＿＿[88) 의 습관

> 창세 전에 그리스도 안에서 우리를 택하사 그 앞에 거룩하고 흠이 없게 하시려고 그 기쁘신 뜻대로 우리를 예정하사 예수 그리스도로 말미암아 자기의 아들들이 되게 하셨으니(에베소서 1:3-5)

SUMMARY 요약하기

　하나님은 우리를 거룩하게 하시려고 선택해 주셨습니다. 거룩함이란 하나님이 우리를 선택하신 목적이며, 하나님이 나를 세상 속에 보내신 이유입니다. 거룩함은 세상 속에 하나님을 보여주는 것이며, 매일 죄에 대하여 죽고 하나님에 대해 사는 습관입니다.

5. 당신이 가져야 할 새로운 습관목록들을 작성해 보십시오. 그리고 새로운 습관을 가지기 위해 어떤 노력이 필요합니까?

＿＿＿＿＿＿＿＿＿＿＿＿＿＿＿＿＿＿＿＿＿＿＿＿＿＿＿＿＿＿＿＿

＿＿＿＿＿＿＿＿＿＿＿＿＿＿＿＿＿＿＿＿＿＿＿＿＿＿＿＿＿＿＿＿

세계적인 피아니스트에게 "당신은 천재 중의 천재입니다"라고 하자 "저는 천재가 아닙니다. 단지 연습을 많이 한 것뿐입니다."라고 대답을 했습니다.

예술이든 기술이든 남보다 뛰어난 경지에 이르기 위해서는 수십 번 수백 번 반복하는 피나는 연습이 있어야 합니다. 새로운 습관을 만들거나 그릇된 옛 습관을 고치는 데도 연습이 있어야 합니다. 그러나 이 연습은 머리로나 결심으로 되는 것이 아니라 끈기 있는 실천을 통하여서만 가능합니다.

심리학에서는 새로운 습관을 들이거나 옛 습관을 고치는 데는 최소한 21일간에 걸친 반복된 훈련이 필요하다고 합니다.

예를 들어 아침 7시에 일어나는 사람이 5시에 일어나는 습관으로 바꾸려면 21일간 누군가가 깨워주거나, 의지를 품고 자명종 시계의 도움을 받으며 실천해야 합니다. 초기에는 기운이 없고 어지럽기도 하고 병이 날 것 같지만 계속하게 되면 생체시계(生體時計)가 바뀌게 되어 21일 후에는 5시에 자동적으로 일어나게 됩니다.

나•비•효•과 Butterfly Effect 나쁜

나비효과(Butterfly Effect)란 작은 사건 하나가 엄청난 결과를 불러오는 현상을 설명하는 이론입니다. '나비 효과' 라는 용어는 1979년 미국 MIT 대학의 기상학자 에드워드 로렌츠가 발표한 논문에서 유래되었습니다.

로렌츠는 컴퓨터를 이용하여 기상현상을 수학적으로 분석하는 과정에서 초기 조건의 미세한 차이가 시간의 흐름에 따라 점점 커져서 결국 엄청나게 큰 차이가 나는 결과가 생긴다는 것을 발견합니다. 그래서 그가 쓴 논문 제목처럼, 브라질에 있는 나비 한 마리의 날개 짓이 미국 텍사스 주에 토네이도를 발생시킬 수도 있다는 것입니다. 지구 한쪽의 자연 현상이 아무런 상관도 없어 보이는 먼 곳의 자연과 인간의 삶에 커다란 영향을 미칠수도 있습니다.

즉 나비효과란, 작은 일이 서로 인과관계(원인과 결과)가 되어 나중에는 큰 일이 된다는 뜻입니다.

40년 정도를 산 솔개의 발톱은 노화되어 사냥감을 효과적으로 잡지 못하고, 부리도 길게 자라 구부러지고, 깃털도 낡고 무거워져 나는 것조차 힘든 상황에 이르게 됩니다. 이때 솔개는 자신의 미래를 위해 변화를 위한 결단을 해야 합니다.

반년이라는 시간동안 고통스러운 자신과의 싸움을 시작해야 합니다. 먼저 바위에 자신의 부리를 쳐서 낡은 부리를 버리고 새로운 부리가 나오도록 하고, 그 부리로 낡은 발톱들을 하나씩 하나씩 다 뽑아내고, 그 이후 부리와 발톱으로 오래되고 낡은 깃털들을 다 뽑아내어 나머지 30년을 살아간다는 것입니다.

어쩌면 우리의 인생도 솔개처럼 지금 결단해야 합니다. 마치 나비효과처럼 지금 내 삶속에 반복되는 나쁜 습관의 옷을 벗고 거룩한 습관을 가지는 믿음의 결단이 필요합니다. 왜냐하면 그 작은 결단이 우리의 미래를 바꾸기 때문입니다.

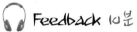
Feedback 10분

오늘 과정을 통해 당신이 발견한 것은 무엇입니까? 세밀하게 말씀하시는 하나님의 음성에 귀를 기울여보십시오. 하나님은 당신에게 무엇을 말씀하시고 있습니까?

미션 과제
내가 가진 좋은 습관, 고쳐야 할 습관 찾기(매일) / 간증문 적성하기

튜 · 닝 · 결 · 단

나는 튜닝이 필요합니다.

하나님의 말씀으로 나를 튜닝해 주옵소서.

나는 튜닝이 필요합니다.

튜닝으로 완성된 나의 모습을 보게 하옵소서.

나는 튜닝이 필요합니다.

튜닝되어 쓰임받는 인생이 되게 하옵소서.

12 Better than good

생·활·점·검 15분

1. 생활점검표 – 생활점검표를 작성하면서 발견한 생활의 감사거리 혹은 간증거리를 나누어 보십시오.

2. 큐티점검 – 한 주간 큐티를 하면서 발견한 하나님의 은혜와 하나님의 인도하심을 간증해보십시오.

3. 미션나눔 – 좋은 습관, 고쳐야 할 습관 나누기, 간증문 나눔

어느 한 건물의 경비원으로 일하는 사람이 있었습니다. 매일 아침 마당을 쓸고 그곳을 찾아오는 사람들에게 인사를 건네며 오랜 세월 동안 성실하게 일해왔습니다. 그러나 얼마후 건물 주인이 바뀌면서 까다롭고 인정머리 없는 젊은 주인은 그에게 해야 할 일들을 종이에 잔뜩 적어 주면서 그대로 하라고 지시하고 돌아갔습니다. 그러나 며칠 뒤 그가 글을 몰라 일을 잘 감당하지 못하자 그를 쫓아내고 말았습니다.

새로운 일자리를 찾아다녔지만, 문맹에다 나이까지 든 그에게 일을 주는 사람은 없었습니다. 그는 처음으로 자신이 너무나 비참하고 초라하게 느껴졌습니다. 새 일자리를 찾아다니다 실망하고 돌아오는 일이 하루 일과가 되어 버렸습니다.

그러다 어느 날 갑자기 좋은 생각이 떠올랐습니다. 그는 경비원을 하면서 성실하게 모아 둔 저금을 몽땅 털어 길모퉁이에 작은 가게 하나를 열었습니다. 그리고 하루하루 성실히 일한 덕분에 그의 가게는 점점 커졌고, 많은 돈을 모을 수 있었습니다. 옆 동네와 다른 도시에도 지점을 열기 시작했고, 얼마 뒤 수십 개의 지점을 거느린 거대한 체인의 사장이 되었습니다. 그의 재산을 관리해 주는 은행원이 그에게 물었습니다.

"사장님께서는 글을 모르시는데도 이렇게 큰 성공을 하셨습니다. 그러니 만약 사장님이 글을 읽고 쓸 줄 아셨다면 지금쯤 누구도 상상할 수 없는 인물이 되었겠지요?"

그 말을 들은 그 사람은 잠시 생각한 뒤 이렇게 말했습니다.

"아닐세. 내가 만약 글을 알았다면 여전히 경비원을 하고 있겠지."

● 이 이야기를 읽으면서 당신은 무엇을 느꼈습니까?

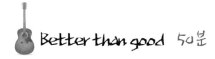

Better than good 50분

배터 댄 굿(better than good)이라는 말은 말 그대로 '좋은 것보다 더 나은' 이라는 뜻을 가진 '최고의 삶' 을 의미합니다. 최고의 인생을 산다는 것은 남들이 가지지 못한 어떤 것을 가지고 있다고, 또 남들보다 더 많은 것을 가지고 있다고, 그리고 남들보다 높은 위치에 있다고 최고의 인생을 사는 것이 아닙니다. 최고의 삶을 사는 비결은 내게 주신 하나님의 선물을 어떻게 사용하느냐에 달려 있습니다.

● 최고의 인생을 살기 위해 필요한 것을 우선순위대로 3가지만 찾아봅시다.

1) _____   2) _____   3) _____

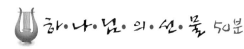

하·나·님·의·선·물 50분

● 전도서 5장10−20절을 읽으십시오.

> 10 은을 사랑하는 자는 은으로 만족하지 못하고 풍요를 사랑하는 자는 소득으로 만족하지 아니하나니 이것도 헛되도다
> 11 재산이 많아지면 먹는 자들도 많아지나니 그 소유주들은 눈으로 보는 것 외에 무엇이 유익하랴
> 12 노동자는 먹는 것이 많든지 적든지 잠을 달게 자거니와 부자는 그 부요함 때문에 자지 못하니라
> 13 내가 해 아래에서 큰 폐단되는 일이 있는 것을 보았나니 곧 소유주가 재물을 자기에게 해가 되도록 소유하는 것이라
> 14 그 재물이 재난을 당할 때 없어지나니 비록 아들은 낳았으나 그 손에 아무것도 없느니라
> 15 그가 모태에서 벌거벗고 나왔은즉 그가 나온 대로 돌아가고 수고하여 얻은 것을 아무것도 자기 손에 가지고 가지 못하리니
> 16 이것도 큰 불행이라 어떻게 왔든지 그대로 가리니 바람을 잡는 수고가 그에게 무엇이 유익하랴
> 17 일평생을 어두운 데에서 먹으며 많은 근심과 질병과 분노가 그에게 있느니라

18 사람이 하나님께서 그에게 주신 바 그 일평생에 먹고 마시며 해 아래에서 하는 모든 수고 중에서 낙을 보는 것이 선하고 아름다움을 내가 보았나니 그것이 그의 몫이로다

19 또한 어떤 사람에게든지 하나님이 재물과 부요를 그에게 주사 능히 누리게 하시며 제 몫을 받아 수고함으로 즐거워하게 하신 것은 하나님의 선물이라

20 그는 자기의 생명의 날을 깊이 생각하지 아니하리니 이는 하나님이 그의 마음에 기뻐하는 것으로 응답하심이니라

1. 최고의 삶을 살 수 있도록 하나님이 주신 선물은 무엇입니까?(19절) [89] 본문속에 재물에 대해 말하는 부분을 찾아보십시오. 그리고 그 재물이 우리의 삶에 미치는 영향력을 어떻게 설명하고 있습니까?

10 은을 사랑하는 자는 은으로 만족하지 못하고
11 재산이 많아지면 먹는 자들도 많아지나니
12 그 부요함 때문에 자지 못하니라
13 큰 폐단되는 일이 있는 것을 보았나니 곧 소유주가 재물을 자기에게 해가 되도록 소유하는 것이라
19 하나님이 재물과 부요를 그에게 주사

SUMMARY 요약하기

재물과 부유함은 하나님이 주시는 우리를 향하신 하나님의 선물입니다. 그런데 왜 똑같은 재물이 이떤 이에게는 근심과 질병과 분노를 가져다주어 잠도 자지 못하게 만들고 어떤 이에게는 하나님의 선물이 되어 즐거워하게 할까요? 그것은 재물이 어떻게 내게로 왔고, 또 누구로부터 주어졌는가를 아는 것에 달려 있습니다.

은과 풍요를 사랑한다는 것은 내 것이라는 마음에서 시작되는 것입니다.(10절) 내 능력으로 얻었다고 생각하기에 만족해하지 못하고 더 가지려고 합니다. 그래서 내 것을 잃어버릴까 하는 두려움 때문에 잠도 자지 못하고 해가 되도록 돈을

소유하려고 탐욕을 부리게 됩니다.(13절) 그러나 우리가 가진 재물과 부유함은 하나님의 선물입니다.

> 네 하나님 여호와를 기억하라. 그가 네게 재물 얻을 능력을 주셨음이라(신명기8:18)

우리가 이 땅에서 얻는 재물은 하나님으로부터 시작되었다는 사실을 기억하십시오. 많든 적든 그것은 하나님의 선물입니다.

2. 최고의 삶을 살기 위해 하나님의 선물인 재물을 어떻게 사용해야 합니까?(19절) [90] 그 말의 의미는 무엇입니까?

SUMMARY 요약하기

'누린다'는 말은 영어성경에는 'enjoy'라고 번역되어 있습니다. 돈은 사랑할 대상이 아니라 즐겨야 할 대상입니다. 즐긴다는 것은 아름답게 사용한다는 것입니다. 합당한 곳에 사용한다는 것입니다. 의미 있고 가치 있게 사용한다는 것입니다. 돈에게 종속당하지 않고 제대로 사용한다는 것입니다. 그것을 사용하면서 보람을 느끼고 가치를 발견하는 것입니다. 잘 사용할 때 그것을 선물로 준 사람도 보람과 기쁨을 느낄 것입니다.

> '보리 한줌을 움켜쥔 사람은 쌀 한가마니를 들 수 없고 곳간을 지은 사람은 곳간보다 더 큰 물건을 담을 수 없다.' (반칠환/하늘을 가진 손 中)

보리 한줌을 쥐고는 더 가치 있고 귀한 것이 나에게 주어져도 그것을 잡을 수 없습니다. 곳간을 지으면 곳간보다 더 큰 하나님의 축복이 우리에게 주어져도 그것을 담을 수 없습니다. 중요한 것은 소유(Having)가 아니라 하나님 안에서 누리는 것(Enjoying)입니다.

이것은 무엇일까요?

1) 이것을 벗기면 벗길수록 새로운 모습을 드러냅니다. 이것을 처음 보면 아름다운 모습에 정신을 잃을 수도 있습니다. 그리하여 어떤 이들은 눈이 멀기도 합니다.

2) 가장 겉껍질을 벗겨보면 화려함이 드러납니다. 온갖 좋은 것이 보이기 때문에 모두가 달려들어 가지고 싶어합니다.

3) 두 번째 껍질을 벗겨보면 두려움이 드러납니다. 이것을 잡으려고 할수록 빠져나가기 때문에 항상 두려움과 불안 걱정이 있습니다.

4) 마지막 껍질을 벗기면 탐욕이 드러납니다. 이것을 가지려는 탐욕은 바닥없는 심연과도 같아 결코 채워지지 않습니다. 그래서 욕심과 분노 악의 시작이 될 수 있습니다.

5) 천국 빼고 다 갈 수 있는 여행권이라고도 하고 행복 빼고 다 살 수 있는 상품권이라고도 하는 이것은 무엇일까요? 〈정답: 돈〉

---

3. 최고의 삶을 살기 위해 주신 하나님의 또 다른 선물은 무엇입니까?(18절) [91]

_____

사람이 하나님께서 그에게 주신바 그 일평생에 먹고 마시며 해아래서 하는 모든 수고 중에서 낙을 보는 것이 선하고 아름다움을 보았나니 그것이 그의 몫이로다.(전도서5:18)

SUMMARY 요약하기

여기서 말하는 몫은 '하나님이 주신 일평생' 입니다.

그 속에서 먹고 마시고 수고하면서 낙을 누리는 것, 이것이 바로 하나님께서 우리에게 주신 인생의 모습입니다. 우리가 지금 누리고 있는 인생은 하나님의 선물입니다.

4. 하나님이 주신 인생과 내가 꿈꾸는 인생에는 어떤 차이가 있습니까? 하나님이 주신 인생을 받아들이려면 어떻게 해야 합니까?

TOGETHER Reading

　최고의 인생을 사는 비결은 하나님이 주신 인생을 받아들이는 것입니다. 받아들인다는 것은 만족하는 것, 즉 자족하는 것입니다. 은을 사랑한다고 그 은이 우리에게 만족을 줄 수 없습니다.(10절) 풍요를 사랑해도 그 풍요가 우리를 만족시킬 수 없습니다. 왜냐하면 내가 주인이 되어 살아가는 인생은 절대 우리의 삶에 만족을 줄 수 없기 때문입니다. 그러나 하나님이 우리에게 주신 인생을 받아들이는 순간 우리는 참된 만족과 행복을 누릴 수 있게 됩니다. 받아들인다는 것은 우리를 자라게 만들기 때문입니다.

　모든 생명의 시작은 다를 수 있습니다. 때로는 그늘진 곳에, 때로는 척박한 땅에, 때로는 산꼭대기 바위틈에, 때로는 옥토위에 놓여질 수 있지만 중요한 것은 자신의 삶을 비관하고 절망할 것이 아니라 감사하고 받아들일 때 우리는 자랄 수 있습니다. 큰 나무를 만들어내지는 못할지라도, 때로는 풍성한 열매를 맺지 못할지라도 생명력 강한 나무로, 뿌리 깊은 나무로, 아름다운 자태를 뽐내는 나무로 성장할 수 있습니다. 중요한 것은 나의 처지와 형편과 내게 주어진 모든 삶을 받아들일 때 자라나게 되는 것입니다. 조엘 오스틴 목사님은 이렇게 말합니다.

　"인생의 물줄기를 함부로 바꾸려고 하지 말라."

　물론 현재의 자리가 시원치 않을 수도 있지만, 바꾸고 싶은 부분이 많이 있을 수도 있지만, 우주를 다스리고 우리의 발걸음 하나까지도 인도하시는 하나님을 철저하게 신뢰하라는 것입니다. 그분을 진심으로 믿는다면 지금 우리가 꼭 있어야 할 그 자리에 하나님이 우리를 두셨다는 것을 받아들일 수 있습니다.

5. 최고의 삶을 살기 위해 주시는 하나님의 마지막 선물은 무엇입니까?(19절) [92]

TOGETHER Reading

하나님의 마지막 선물은 '수고함' 입니다. 내게 주어진 일, 내가 하고 일은 하나님의 선물입니다. 그것이 존귀한 일이든, 하찮은 일이든, 돈을 버는 일이든, 전혀 비생산적인 일이든, 사람들이 어떤 평가를 내리든 그것이 중요한 것이 아니라 그 일이 바로 '하나님이 나에게 주신 선물' 이라는 것입니다.

일은 크게 세 가지로 분류할 수 있는데, 돈을 버는 일이 있고, 다른 사람을 위해 하는 일이 있고, 자신을 위해 하는 일이 있습니다. 그 모든 것이 하나님의 선물입니다.

돈을 벌 수 있는 일이 있다는 것도 감사하고, 가족들을 위해 밥을 짓고 빨래를 할 수 있는 것도 감사하고, 하나님의 교회를 위해 봉사하고 충성할 수 있는 것도 감사한 일입니다. 그리고 나를 위해 밥을 먹고, 나를 위해 열심히 운동하고 또 나를 위해 하나님과 친밀함을 유지하는 것도 귀한 것입니다.

6. 당신에게 주어진 일(익숙한 일, 새로운 일)에 대한 당신의 삶의 자세는 어떠합니까?

  1) 두려워하며 주저한다.
  2) 어쩔 수 없이 한다.
  3) 감사하며 감당한다.
  4) 불평하며 한다.(혹은 포기한다.)
  5) 어떤 일이든 일을 즐긴다.
  6) 주어진 일만 성실하게 한다.
  7) 일을 하면서 새로운 창조를 한다.

최고의 인생을 살기 위해서는 내게 주신 일 안에서 행복을 느낄 수 있어야 합니다. 수고함으로 즐거워하는 것 이것이 하나님의 선물입니다.(19절) 내가 하는 모든 일에서 행복을 찾고 그 일을 통해 행복해할 수 있다면 그것이야 말로 행복한 인생입니다. 에디슨은 말하기를 "나는 단 하루도 일한 적이 없다. 항상 즐겼을 뿐이다!"라고 하였고, 오프라 윈프리는 "나는 '감사합니다' '고맙습니다' '나는 진실로 복 받은 사람입니다' 라고 말하지 않고 지나가는 날이 단 하루도 없다."고 말했습니다.

일을 할 수 있다는 것에 행복해 하십시오. 주신 일을 불평하지 마십시오. 누군가가 나를 필요로 하고 내가 일할 수 있는 시간과 건강, 그리고 기회가 주어졌다는 것은 행복입니다.

마태복음 20장에 나오는 포도원 품꾼비유를 보십시오. 주인이 포도원에 품꾼을 얻으려고 제 삼시, 육시, 구시, 그리고 십일시에 나가서 품꾼들을 포도원으로 들입니다. 이들 모두는 장터에서 자신에게 일을 시켜주기를 바라고 기다리는 사람들입니다.

그들이 주인에게 부름 받아 일을 할 수 있는 기회가 주어졌습니다. 그런데 나중에 먼저 온 품꾼들이 원망합니다. 그 원망의 이유는 제 11시에 들어온 사람과 자신이 동일하게 한 데나리온을 받았다는 것입니다.

그런데 그들이 간과한 한 가지가 있습니다. 그것은 자신들도 주인에게 부름 받지 못했으면 제 십일시에 포도원에 들어올 수밖에 없다는 것입니다. 자신에게 일이 주어졌다는 것에 감사하지 못하고 있습니다. 그들은 시간낭비를 하지 않았습니다. 주인을 위해 자신의 시간과 열정을 바칠 수 있었습니다.

일을 함으로 주어지는 돈과 같은 결과보다는 내가 누군가에게 필요하고 일할 수 있는 건강이 있다는 것, 일할 수 있는 시간과 기회가 주어져 있다는 것이 중요합니다.

일할 수 있는 직장이 있다는 것에 감사하십시오. 섬길 수 있는 교회가 있다는 것에 감사하십시오. 내가 아직 누군가로부터 필요로 하고, 건강하고, 기회가 있고, 시간이 있다는 것에 감사하십시오. 이것이 배터 댄 굿(better than good), 즉 최고의 인생을 사는 시크릿(secret)입니다.

7. 최고의 삶을 살기 위한 당신의 결단을 적어보십시오. 어떻게 살아야 최고의 인생을 살 수 있습니까?

> 하나님이 선물로 주신 재물과, 일, 그리고 우리의 인생을 우리가 어떻게 튜닝하느냐에 따라 최고의 인생이 될 수도 있고 최악의 인생이 될 수도 있습니다.
> 튜닝은 습관이 되어야 합니다. 끊임없이 셀프튜닝을 하십시오.
> 내가 그린 튜닝자화상을 마음속에 시각화하십시오. 그래야 튜닝 되어 하나님의 사람답게 온전하게 될 수 있습니다.
> 당신이 튜닝 될 때 당신을 통해 자신의 삶을 튜닝하려는 사람들이 몰려오기 시작할 것입니다. 당신은 지금 변신중입니다.

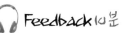 Feedback 10분

오늘 과정을 통해 당신이 발견한 것은 무엇입니까? 세밀하게 말씀하시는 하나님의 음성에 귀를 기울여보십시오. 하나님은 당신에게 무엇을 말씀하시고 있습니까?

미션 과제

셀프튜닝 목록, 튜닝자화상 최종본 제출

튜 · 닝 · 결 · 단

나는 튜닝이 필요합니다. 하나님의 말씀으로 나를 튜닝해 주옵소서.	나는 튜닝이 필요합니다. 튜닝으로 완성된 나의 모습을 보게 하옵소서.	나는 튜닝이 필요합니다. 튜닝되어 쓰임받는 인생이 되게 하옵소서.

생활점검표

벤자민 플랭클린의 13가지 습관을 통한
자신의 생활 점검

● 매주 리더의 확인을 받은 후 다시 돌려받습니다.

첫째주(월 일 - 월 일)													확인
	절제	과묵	질서	결단	검약	근면	진실	정의	온유	청결	평상심	순결	겸손	
5														
4														
3														
2														
1														
계														

둘째주(월 일 - 월 일)													확인
	절제	과묵	질서	결단	검약	근면	진실	정의	온유	청결	평상심	순결	겸손	
5														
4														
3														
2														
1														
계														

셋째주(월 일 - 월 일)													확인
	절제	과묵	질서	결단	검약	근면	진실	정의	온유	청결	평상심	순결	겸손	
5														
4														
3														
2														
1														
계														

넷째주(	월	일	–	월	일)								확인
	절제	과묵	질서	결단	검약	근면	진실	정의	온유	청결	평상심	순결	겸손	
5														
4														
3														
2														
1														
계														

다섯째주(	월	일	–	월	일)								확인
	절제	과묵	질서	결단	검약	근면	진실	정의	온유	청결	평상심	순결	겸손	
5														
4														
3														
2														
1														
계														

여섯째주(	월	일	–	월	일)								확인
	절제	과묵	질서	결단	검약	근면	진실	정의	온유	청결	평상심	순결	겸손	
5														
4														
3														
2														
1														
계														

일곱째주(월 일 − 월 일)													확인
	절제	과묵	질서	결단	검약	근면	진실	정의	온유	청결	평상심	순결	겸손	
5														
4														
3														
2														
1														
계														

여덟째주(월 일 − 월 일)													확인
	절제	과묵	질서	결단	검약	근면	진실	정의	온유	청결	평상심	순결	겸손	
5														
4														
3														
2														
1														
계														

아홉째주(월 일 − 월 일)													확인
	절제	과묵	질서	결단	검약	근면	진실	정의	온유	청결	평상심	순결	겸손	
5														
4														
3														
2														
1														
계														

열째주(월 일 - 월 일)													확인
	절제	과묵	질서	결단	검약	근면	진실	정의	온유	청결	평상심	순결	겸손	
5														
4														
3														
2														
1														
계														

열한째주(월 일 - 월 일)													확인
	절제	과묵	질서	결단	검약	근면	진실	정의	온유	청결	평상심	순결	겸손	
5														
4														
3														
2														
1														
계														

열두째주(월 일 - 월 일)													확인
	절제	과묵	질서	결단	검약	근면	진실	정의	온유	청결	평상심	순결	겸손	
5														
4														
3														
2														
1														
계														

과제물

Homework

1주차 숙제 셀프튜닝 목록 (샘플)

항 목	튜닝되어야 할 부분
신체(몸)	1. 배 나온 것(현재 34 "→"로 만들자) 2. 기관지 천식(산책, 운동으로 개선) 3. 머리빠짐(스트레스 이겨내기, 약먹기) 4. 체력이 약함(근력운동 하기: 아령)
성 격	1. 포용력 부족(남의 입장에서 생각하기) 2. 배려심 부족(남을 위한 생각을 먼저 하기) 3. 속으로 화나지만 겉으론 아닌 척하는 성격(자존심 내려놓기) 4. 칭찬하는 마음부족(칭찬과 격려하기)
생활방식(말)	1. 화법이 직선적(권유하는 말로 상대를 깨닫게 하자) 2. 비판적인 말투(내 잣대로 남을 판단하는 말을 하지 말자) 3. 남의 말 끝까지 들어주기(상대가 미안한 마음이 들 때까지 참아주기) 4. 유머감각 부족(평소에 사물을 다르게 보는 법 훈련하기)
생활방식(행동)	1. 게으름으로 운동부족–산책하기 2. 인터넷 적게 하기(2시간–)1시간) 3. 결단력 부족: 사소한 것에 매이지 말고 중요하고 필요한 것을 먼저 결단하기 4. 추진력 부족: 한번 결정하면 끝까지 추진하기
가정생활	1. 아내가 나를 위해 존재하는 사람이라는 생각을 버리고 내가 아내를 위해 존재한다는 생각하기 2. 남들 앞에서 아내 세워주기 3. TV시청시간 하루 2시간으로 줄이기 4. 가족간의 대화를 위해 목요일 저녁은 가족이 함께 문화생활하기
신앙생활	1. QT하기 2. 성경 매일 5장 읽기 3. 신앙서적 1주일에 1권 읽기 4. 가정예배 드리기
대인관계	1. 내 생각을 상대에게 설득하려 하지 말고 내 생각만 말하기 2. 상대에게 마음 열기를 통하여 진심으로 대하기 3. 늘 웃으며 인사하기 4. 싫은 사람에게도 먼저 손 내밀기
직장생활	1. 재생에너지 분야에서 전문가가 되려는 꿈을 가지고 있으면서도 현장중심의 공부를 하지 않는 게으름을 버리기 2. 지식을 공유하는데 인색한 개인주의적 태도를 공동체적 생각으로 바꾸기 3. 나에게 맡겨진 일을 회사라는 큰 틀속에서 보고 처리하기

1주차 숙제 셀프튜닝 목록

항 목	튜닝되어야 할 부분
신체(몸)	
성 격	
생활방식(말)	
생활방식(행동)	
가정생활	
신앙생활	
대인관계	
직장생활	

● 셀프튜닝 목록은 중간 점검 전까지 완벽한 튜닝 목록이 나올 때까지 매주 추가해서 수정해야 합니다.

2주차 숙제 튜닝자화상 (샘플)

	튜닝베이직을 통해 기대하는 변화		튜닝자화상
성격	1. 날카롭게 보이는 얼굴의 변화 2. 직선적인 성격이 온유한 성격으로 3. 계획하면 반드시 이루는 성격으로 4. 다른 사람을 이해하는 배려심으로 5. 부족한 절제력 보완하기 6. 집중력과 정확한 판단력 소유하기	성격	1. 눈매가 부드럽고 얼굴에 늘 미소를 머금은 여유 2. 남들이 내 잘못을 지적하면 감사하게 받아들이는 너그러운 마음 3. 굳센 의지를 소유 4. 남의 입장에서 사물을 보는 깊은 배려심 5. 육신의 즐거움과 영적생활의 균형감각 6. 집중력과 판단력이 뛰어난 리더
행동	1. 대화하는 방법의 변화 2. 칭찬의 생활화 3. 결정하면 바로 행동하는 부지런함 4. 봉사하는 자세 5. 계획성 있는 생활 6. 신중한 행동 7. 인터넷 서핑시간 조절 8. TV시청 조절	행동	1. 유머감각이 있는 대화술과 타인의 말을 다 듣고 나서 말하는 여유로움 2. 타인의 장점만 보는 감각 3. 강한 추진력을 소유 4. 고아원이나 복지시설을 위한 봉사활동 5. 아침에 그 날의 우선순위 정하기가 몸에 베인 사람 6. 행동에 책임을 지는 사람 7. 인터넷 서핑 2시간→1시간 8. TV시청 1시간으로
신앙	1. 매일 QT하는 생활 2. 감사의 생활화 3. 1년에 성경 1독 4. 영성 깊은 신앙인 5. 언행일치 6. 전도에 열심내기 7. 선교사역	신앙	1. 매순간 마다 하나님과 동행 2. 작은 일에도 감사 3. 성경을 늘 곁에 두고 읽는 사람 4. 그리스도의 향기가 나는 사람 5. 주일의 모습과 평일의 모습이 동일한 사람 6. 한 영혼의 귀함을 알고 전도에 힘쓰는 사람 7. 선교지 에너지 자립 시설 건설 사역
가정	1. 가정예배 2. 책임감 있는 가장 3. 아내에게 친구가 되는 남편 4. 사랑의 언어치유 5. 아내에게 미더운 남편 6. 아들에게 자상하고 든든한 아버지 7. 딸에게 격려가 되는 아버지 8. 가사에 협동하는 가족 9. 친척들과 아름다운 교제하는 가정 10. 멀어진 형제와의 관계개선	가정	1. 하나님이 가장임을 인정하는 가정 2. 경제적인 능력있는 가장 3. 아내에게 언제나 함께 걷는 인생의 동반자 4. 사랑한다는 말을 자연스럽게 말하는 남편 5. 언제나 아내편이 되어주는 남편 6. 아들에게 인생의 안내자요 스승으로서 마음을 열고 대화할 수 있는 아버지 7. 딸에게 2일에 한 번씩 전화하는 아버지 8. 가사를 분담하여 서로 돕는 가족 9. 친척들 애경사를 진심으로 함께하는 생활 10. 형님과 작은 누님과의 관계개선
건강	1. 굴절된 허리 치유 2. 복부비만 치료 3. 기관지 천식 치유 4. 하나님의 사역을 감당할 건강	건강	1. 곧고 바르게 걸을 수 있는 건강을 위해 운동 2. 허리사이즈 32인치의 건강한 체격 3. 약물치료 등으로 주말에 등산하는 건강을 가진 사람 4. 선교지원 사역을 감당할 건강을 가진 사람

2주차 숙제 튜닝자화상

	튜닝베이직을 통해 기대하는 변화		튜닝자화상
1 성격		1	
2 행동		2	
3 신앙		3	
4 가정		4	
5 건강		5	

● 튜닝자화상은 중간 점검 전까지 매주 추가해서 완벽한 자화상이 나올 때까지 수정해야 합니다.

3주차 미션 잠언통독

일시	잠언	완독(O)	느낀점/교훈
1일째	1장		
	2장		
	3장		
	4장		
	5장		
2일째	6장		
	7장		
	8장		
	9장		
	10장		
3일째	11장		
	12장		
	13장		
	14장		
	15장		
4일째	16장		
	17장		
	18장		
	19장		
	20장		
5일째	21장		
	22장		
	23장		
	24장		
	25장		
6일째	26장		
	27장		
	28장		
	29장		
	30장		
7일째	31장		

4주차 숙제 큐티훈련 (샘플)

일시	본문	묵상내용	적용내용	반성(간증)
11/3	고후 6:1–10	내게 주신 은혜를 헛되게 낭비하지 않아야겠다.	내게 주신 은혜–1)가족 2)물질 3)사역 1)가족–따뜻한 인사를 건넬 것이다(아침,저녁) 2)물질–적은 금액이라도 뜻 있는 곳에 사용하도록 가족회의를 하겠다.	1. 가족들에게 반갑게 인사하는 것이 잘되지 않았다.–내일 다시 2. 현재 물질로 나누는 부분은 비교적 잘되고 있다는 평가에 추후 다시 검토하기로 하다.
11/28	요한 15:1–5	가지가 붙어있듯이 주님께 붙어있어야겠다.	가지에 붙기 위해 말씀을 가까이하고 큐티나눔을 아내와 실시하겠다.	피곤하여 큐티나눔을 하지 못했다. 피곤하지 않도록 TV시청을 줄이겠다.
11/29	시편 37:4–5	내 뜻을 내려놓고 하나님을 의지하는 삶을 살아야겠다.	오늘 김장을 하는데 내 생각으로 미리 걱정하지 말고 기도하며 준비해야겠다.	기도하는 마음으로 김장을 준비해놓으니 늦은 시간 김권사님께서 오셔서 도움을 주셨다. 도움의 손길로 김장을 잘 마무리할 수 있어서 감사했다.
11/30	로마서 12:1–2	마음을 새롭게 하여 변화를 만들자.	오늘부터 가정의 변화, 우리 마음의 변화를 위하여 가정예배를 드릴 수 있도록 노력해야겠다.	마음으로 가정예배를 준비하였으나 큰아이도 학원에서 늦게 오고 남편도 출장중이어서 딸과 로마서 12장을 읽어 가정 말씀으로 만족해야했다. 가정예배를 조정해봐야겠다.
12/1	마태복음 18:21–35	겉으로 하는 용서는 용서가 아니다. 진정 마음으로까지 용서하자.	아직 마음으로 용서하지 못한 사람이 생각이 난다. 생각하면 마음이 울컥해지지만 용서하는 마음으로 먼저 손내밀자. (전화라도 먼저 해야겠다.)	저녁내내 수화기를 들었다 났다 하면서 전화를 하지 못하였다. 아직도 나의 자아가 살아있는 것 같다. 다시 기회를 만들어 화해하는 시간을 만들어야겠다.
12/2	요한계시록 21:4	하늘나라의 소망을 믿지 않는 이웃과 나누자.	아직 주님을 영접하지 못한 동생에게 하나님의 복음을 전해 천국의 소망을 나눠야겠다.	오늘 동생에게 전화로 복음을 전했지만 확답은 얻지 못했다. 마음을 열 때까지 계속 기도하며 하나님 말씀을 전해야겠다.

4주차 숙제 큐티훈련

일시	본문	묵상내용	적용내용	반성(간증)

● 큐티훈련은 정확하게 큐티를 이해하고, 묵상과 적용과 반성이 제대로 될 때까지 실시해야 합니다.

5주차 숙제 인생그래프

정도 / 나이	5	10	15	20	25	30	25	40	45	50	55	60	65	70	75
+5															
+4															
+3															
+2															
+1															
−1															
−2															
−3															
−4															
−5															

● 특별한 굴곡이나 사건들을 그래프위에 표시하십시오.
  긍정적인 것은 (+), 부정적인 것은 (−)로 표시하십시오.

5주차 숙제 유언장 (샘플)

사랑하는 아내에게…

당신과 함께한 시간이 이처럼 짧은 것이 아쉽지만 이제는 당신과 잠시 이별을 해야 하는 슬픔의 시간이 되어 마지막으로 인생이라는 서랍을 정리합니다.

내가 이 세상에 온 목적이 여기까지라면 얼마든지 겸허히 받아들일 수 있겠지만 하나님께서 주신 사명을 다하지 못하고 가는 길이라면 아쉬움과 미련으로 히스기야처럼 기도하고도 싶을 만큼 당신과 함께한 행복했던 시간이 자꾸만 미련의 끈으로 나를 붙잡고 있습니다. 그러나 지금껏 나름대로 최선을 다하여 살아왔다고 생각하기 때문에 하나님께서 내게 세우신 계획이 여기까지라는 것을 받아들이기로 합니다.

우리 두 사람이 만난 것부터가 철저한 하나님의 계획과 섭리라는 것을 인정하지 않을 수 없습니다. 서로 너무 다른 성격으로 인하여 서로에게 적응하는 시간동안 남들보다 더 큰 고통과 상처를 냈던 지난 시간을 반성하고 미안해하며 후회합니다.

나의 부족함과 모자람을 인정해주며 인내하며 잘 견뎌준 것에 감사합니다. 풍족하지 못하였던 생활 속에서도 늘 자족함으로 받아들인 것에도 감사합니다. 신앙적 갈등으로 나를 힘들게 하며 포기하고픈 즈음에 어느덧 성장한 모습으로 내게 다가와 보상하여준 것은 가장 벅찬 감동의 선물이었습니다.

이 세상을 살아가는 목적을 하나님 안에서 찾으며 뜻하신 바를 이루기 위해 준비하고, 힘든 학업을 결정한 것도 감사합니다. 헌신하고자하는 순종적 믿음으로 함께 교회를 세워 가는데 동역하여준 것도 감사합니다.

인내와 희생이 사랑의 출발점이라는 사실을 배우며 그 희생이 다시 자신에게로 돌아와 커다란 행복을 안겨다주는 사랑의 원리를 당신을 통하여 배우게 되었음을 고백합니다. 함께 했던 시간 속에 가정의 참 행복을 느끼게 하여준 것도 감사합니다.

내가 없는 이 세상에서 우리에게 맡겨진 귀한 영혼, ○ ○ 와 ○ ○ 이에게 삶의 목적을 찾을 수 있도록 도와주기를 바라며 그 목적을 이루어가는 진정한 인생을 살아갈 수 있도록 도와주기를 부탁합니다. 미안하고 고맙고 감사합니다.

당신에게도 남겨진 이 땅위의 소명을 최선을 다하여 살아가기를 바라며…

−사랑하는 나의 아들과 딸에게…

더 이상 너희와 함께 시간을 보낼 수 없음에 미안한 마음을 금할 길이 없구나. 너희에게는 늘 친구 같은 아빠로 지혜가 되고 삶의 지표가 되고 든든한 버팀목이 되어 주려고 힘쓰고 애를 썼지만 너희에게 주는 사랑의 방법에도 많이 서툴렀던 것을 인정하며 미안해한다.

내가 아버지를 존경하게 된 것처럼 너희도 나를 존경해 주기를 바라며 노력한 것이 과욕이었으리라는 생각을 한다. 믿음으로 의로운 삶을 살아가라는 집안의 가훈대로 의롭게 산다는 것이 무엇인지도 모르고 의로운 행세만 하고 다녔던 아빠의 뒷모습을 밟지 않기를 바라며 인생을 살아가는데 갖추어야할 두 가지를 부탁한다.

빈 수레가 요란하다는 말이 있다. 무게를 갖지 않은 수레는 바퀴 소리를 요란히 낸다. 이 바퀴를 누르는 무게는 지성이다. 지성으로 부족한 면을 덕성으로 보완하여 지성과 덕성의 무게 균형을 이루어 인생의 바퀴를 구르며 살아가기를 바란다. 덕이 없으므로 인하여 자기의 지식으로 남을 판단하며 그만 못한 것을 경멸하거나 무시하지 않도록 조심하기를 바란다. 많은 것을 배워 가득한 지식만을 믿고 뽐내면서 세상속의 많은 일들을 날카롭게 비판만 하면 그 길은 외로운 길이 될 수밖에 없단다.

많은 것을 보고 체험해서 너그러운 여유를 지니게 되면 나만큼 남도 중한 것을 체득하게 되고 남을 돕는다는 것이 결국엔 자신을 돕는다는 것을 알게 될 것이다.

덕이란 체험으로 깨달아 쌓은 마음의 두께이고 지식이 담길 그릇이다. 훌륭한 인격이란 큰 덕성의 그릇에 많은 지식을 담은 사람이 그렇지 못한 사람에게 보여주는 마음가짐과 몸가짐의 표현이다. 너희가 지성과 덕성을 겸비하면 주위에 진실한 사람이 많아질 것이고 좋은 리더로서 하나님께서 너희에게 세우신 뜻을 잘 펼쳐 나갈 수 있는 훌륭한 사명자의 삶을 살아갈 것이라고 확신한다.

이 세상의 주어진 삶을 하나님께서 너희와 동행하시기를 기도하며 믿음 안에서 의로운 삶을 살아가기를 바라며…

무지개 기둥을 뽑아 손풍금처럼 줄였다 폈다 하면서 일곱 가지 색깔 찬양의 노래를 듣고자 하는 이상의 꿈을 이루지 못한 채 주어진 시간을 마감하며…

ONE WAY JESUS

5주차 숙제 유언장

ONE WAY JESUS

7주차 숙제(1) 칭찬언어+말실수 목록 (샘플)

	칭찬의 언어 목록	말실수 목록
1일	1. 보기 너무 좋아요. 2. 너무 잘했어. 3. 집사님은 책임감이 참 강해요. 4. 참 고우세요. 5. 재주가 참 많아요.	1. 4차원이다! 2. 어쩜 그렇게 정신이 없니? 3. 또 말대답이야? 4. 5.
2일	1. 모습에 은혜가 되요. 2. 너희들 때문에 수업이 즐거워! 3. 고마워! 4. 오늘 예쁘네. 5 옷이 너무 잘 어울려요.	1. 잘났어, 정말! 2. 시끄러. 3. 하지마. 4. 저리가. 5. 정신 차려요.
3일	1. 도와줘서 고마워.(아들). 2. 시키지 않았는데 공부했네. 잘했어.(딸) 3. 예쁘다. 4. 아들 정말 잘 두었네. 5 딸이 예쁘게 생겼네.	1. 정신 사나워! 2. 왜 저러니? 3. 입 다물어. 4. 5.
4일	1. 열심히 공부하는 모습이 보기 좋다. 2. 머리가 정말 잘 어울린다.(정말 누구도 소화하기 어려운 머리임) 3. 말씀이 너무 은혜가 됐어요.	1. 됐어요. 2. 살 좀 빼! 3. 인간성이 왜 그래?
5일	1. 깔끔하네요. 2. 공부 열심히 하네. 3. 웃는 모습이 예쁘다. 4. 문 닫아줘서 고마워.	1. 동작 좀 빨리해라! 2. 시간 아껴서 남 주니? 3. 잔소리 좀 그만하세요! 4.
6일	1. 피부가 너무 좋다. 2. 발표 때(말을 참 잘한다.) 3. 준비 많이 했네. 4. 모자가 참 잘 어울린다. 5. 아내에게 참 잘하시는 것 같아요.	1. 잘났어, 정말! 2. 왜 너희 생각만 하니? 3. 공부 좀 해라. 4. 너 때문이야. 5

7주차 숙제(1) 칭찬언어+말실수 목록

	칭찬의 언어 목록	말실수목록
1일	1. 2. 3. 4. 5	1. 2. 3. 4. 5
2일	1. 2. 3. 4. 5	1. 2. 3. 4. 5
3일	1. 2. 3. 4. 5	1. 2. 3. 4. 5
4일	1. 2. 3. 4. 5	1. 2. 3. 4. 5
5일	1. 2. 3. 4. 5	1. 2. 3. 4. 5
6일	1. 2. 3. 4. 5	1. 2. 3. 4. 5

7주차 숙제(2) 튜닝언어습관 (샘플)

	튜 닝 해 야 할 언 어 습 관	
말 투	1. 진지하지 않아도 될 상황에서 때로 너무 진지한 말투로 상대를 긴장하게 만든다. 2. 따지는 듯한 어투로 상대로 하여금 반감을 가지게 한다. 3. 진심과는 다르게 장난의 말투로 의사를 전달하는 경우가 있다. 4. 상대가 귀찮을 때 성의 없고 건조한 말투로 단답형으로 대한다. 5. 상대에게 질문을 했을 때 마치 그 질문에 대한 답을 이미 알고 있는 듯한 비꼬는 말투로 할 때가 있다. 6. 나이와 상관없이 상대를 가르치려고 하는 말투가 습관처럼 배어있다.	

	내가 말할 때	다른 사람의 말을 들을 때
자 세	1. 몸의 자세가 너무 경직된다. (흐트러짐이 없으려고 노력한다) 2. 다 그렇지는 않지만 얼굴이 무표정일 때가 많다. 3. 내가 하는 말을 상대가 경청하는지 살핀다. 4. 내 말에 대한 확신이 없거나 거짓말을 할 때 상대방의 시선을 피하며 말한다. 5. 상대방이 강하게 나오면 나도 모르게 째려보며 말한다. 6. 말에 대한 실수나 적합한 표현을 하려고 지나치게 긴장하여 말이 느려진다.	1. 상대의 말을 100% 이해하려고 긴장한다. 2. 상대의 말 속에 어떤 진위가 있는지 대화의 이면을 보려고 한다. (말하는 그대로 받아들이려고 하지 못한다) 3. 상대의 틀린 말을 그냥 넘어가지 않고 지적하거나 재차 묻는다. 4. 상대에게 호감이 없거나 상대의 말이 재미 없을 때 다른 곳을 볼 때가 있다. 5. 상대가 적절한 단어나 어휘를 사용하지 못할 때 속으로 답답하고 미치겠다. 6. 상대가 혼자만 일방적으로 대화를 주도하며 나에게 말할 시간을 주지 않을 때 인내하기가 힘들다.

목소리 톤	1. 평상시 – 레 (모든 것이 귀찮은 듯 건조함) 2. 대화시 or 업무지시시 – 미 (진지할 때) 3. 비즈니스시 – 파 (의도적으로 올림) 4. 기분 좋을 때 – 솔 (나도 모르게 격앙됨) 5. 화날 때 – 라 (감정을 섞음) 6. 슬플 때 – 도 (감정을 최대한 억제함)
습관 언어	1. ~~ 면 (~~한다면) 2. 그게 아니고… (상대의 말의 끝을 자르는 편) 3. 그렇게 하자. (말의 끝에 나에게 유리한 쪽으로 결론을 마치려고 확인하는 말) 4. 속이 뒤집힌다.(기대하는 만큼 남들이 따라주지 못할 때) 5. 아줌마(친한 모든 여자를 부름) 6. 책임감을 가져라. (누구나 각자 맡은 모든 일에 책임을 지고 했으면 하는 강박감)
기 타	1. 나의 거의 대부분의 대화 목적은 상대방으로 하여금 나의 의도를 따라 달라는 설득과 세뇌하고자 하는 마음을 밑바탕에 깔고 시작함. (그러나 지금은 상대의 의견을 따라 주고자 하는 마음이 진심으로 많이 생겨나고 있는 중임) 2. 상대의 말을 내가 객관적으로 확인하거나 증명이 되지 않을 때까지는 진실이라고 믿지 않음. (지금은 말하는 그대로 받아들이려는 노력을 매우 하고 있음)

7주차 숙제(2) 튜닝언어습관

튜 닝 해 야 할 언 어 습 관		
말투	1. 2. 3. 4. 5. 6.	
자세	**내가 말할 때** 1. 2. 3. 4. 5. 6.	**다른 사람의 말을 들을 때** 1. 2. 3. 4. 5. 6.
목소리톤	1. 2. 3. 4. 5. 6.	
습관단어	1. 2. 3. 4. 5. 6.	
기타	1. 2. 3. 4. 5. 6.	

8주차 숙제 천원의 행복 (샘플)

그동안 한 번도 다루지 않았던 우리들의 신앙과 삶속에 박혀있던 오래된 악습과 잘못된 가치관을 깨워주었던 튜닝 베이직 과정 속에 하나님께서 큰 감동과 은혜를 주신 것을 인정합니다. 참 많은 것을 우리에게 요구하였고 매주 주어지는 과제에 모두가 힘겨워하던 모습도 있었습니다.

10주차 때는 천 원을 가지고 세상에서 가장 행복하고 따뜻하게 사용하라는 미션을 받게 되었습니다. 천 원의 돈으로 누군가를 행복하게 한다는 것은 현실적으로 어렵다는 고정관념이 한동안 저를 붙잡고 놓아주지 않았습니다.

'요즘 아이들에게 천 원주면 고맙다는 말도 안하는데., 어휴! 천 원으로 뭘를 해, 너무 적은 게 아니야? 적어도 만 원은 되어야 하지 않겠냐' 라는 한숨과 해결책이 떠오르지 않는 깜깜함이 앞섰습니다. 방법은 하나님 밖에 없었습니다.

"하나님께서 천 원을 통하여 나에게 깨닫게 하시고자 하시는 것이 무엇입니까?" 라고 기도하게 되었습니다. 그러는 나에게 하나님께서는 돈의 크기가 사람을 행복하게 해주는 것이 아니라는 응답을 주셨습니다. 그래서 적은 돈과 노동력을 이용하여 섬김으로 다른 사람을 행복하게 해주고자 내가 가장 잘할 수 있는 것이 무엇인가를 찾게 되었고 군대 시절에 군화가 아닌 일반 구두를 신고 생활했으며 군 특성상 구두를 깨끗하게 광을 내고 신어야 해서 내가 구두를 잘 닦는 기술이 있었다는 것을 발견하게 되었습니다.

우선 먼저 내 주위에 있는 사람들의 구두를 닦아 줌으로써 그들을 섬기고 행복하게 해주어야 하겠다는 생각이 들었습니다. 또한 주의해야 할 것이 있었는데 천 원이라는 한계 속에서 미션을 수행해야 하기 때문에 집에서 사용하던 구두약을 사용할 수는 없었습니다. 새 구두약값이 얼마나 하는지 알아보았습니다. 하나님의 예비하심과 지혜주심이 일치하였습니다. 구두약값은 980원이었습니다.

미션을 수행하는데 일일이 말을 하고 설명하기가 쑥스럽고 민망하여 미션 수행 중임을 알리는 종이를 만들어 종이 값 20원을 추가하여 천원이라는 금액을 맞추게 되었습니다. 누구부터 시작해야 하는가를 생각하게 되었고, 섬김이란 강한 자가 약한 자에게 높은 자가 낮은 자에게 하는 것이 더욱 의미 있고 아름다울 것이라는 생각을 하고 교회에서는 검정색 광을 내는 구두를 신고 있는 분들을 찾아 닦게 되었고 회사에서는 휴게실 앞에 앉아서 지나가는 하급자들의 구두를 강제로 벗겨서 닦기 시작하였습니다.

나이 많은 상급자가 자식 같고 조카 같고 동생 같은 직원들의 구두를 닦는 모습에 그들은 당황하였고 쉽게 땀에 젖고 냄새나는 구두를 벗으려 하지는 않았습니다. 그런 그들에게 구두를 다 닦은 후 미션의 과정을 설명하며 나의 이런 모습은 내가 당신을 사랑하는 마음의 표현이며 예수님께서 제자들의 발을 씻기신 섬김을 흉내낸 것이라는 것과 함께 예수님의 섬김과 사역에 대하여 잠깐 이라도 증거하게 되었습니다. 복음을 증거한다는 것을 그동안 나는 너무나 쉽게 입으로, 물질적으로만 생각할 때가 많았으나 이 미션을 수행하는 과정을 통하여 예수님이 섬김과 삶으로 보이시며 증거하신 복음의 의미를 알게 되었고 복음을 쉽게 입으로만 던져버리지 않고 몸으로, 삶으로 감동시키고 증거하는 삶을 살겠노라고 다짐하게 되었습니다.

천 원이라는 하찮은 적은 돈이 남에게 행복을 주는 수단이 될 것이라고는 생각할 수가 없었던 나에게 하나님께서는 현실적으로 가장 작은 단위로 취급되는 천 원 속에도 귀하게 사용되어 지기를 바라고 계신다는 것입니다.

하나님께서 우리에게 주신 물질의 의미와 남에게 행복을 주기 위한 물질은 그리 큰 것에만 있지 않았습니다. 물질이란 크기가 중요한 것이 아니라 어떤 곳에 어떠한 방법으로 사용되어지는가에 따라서 행복하고 따뜻한 수단과 도구가 될 수 있습니다. 지나간 나의 삶을 반성도 하게 되었습니다. 무엇이든지 제일 비싼 것이 좋은 것이라는 가치로 악기를 사도 비싼 것, 구두와 옷은 메이커, 잘 가지도 않는 등산을 위해 산 비싼 등산용품과 잘 치지도 못하면서 제일 좋고 비싼 탁구라켓 구입 등 사치와 허세로 살아왔던 시간들이 부끄러웠습니다.

물질은 내가 수고하여 얻은 것이며 물질의 소유권과 사용권이 내게 있다는 잘못된 생각을 접고 하나님께서 주신 소유를 내 맘대로 낭비하지 않고 하나님이 내게 주신 물질의 목적을 이루며 그동안 나를 위해 쌓아왔던 물질을 나한테 필요한 곳에만 사용하지 않고 복음을 위해 이웃을 위해 절약과 구두쇠 정신으로 살아감으로 거룩한 낭비를 위하여 쌓겠다는 물질에 대한 개념과 방향의 전환을 다짐하게 되는 하나님의 큰 은혜가 있었습니다.

하나님께 감사드립니다.

8주차 숙제 천원의 행복

9주차 숙제 잃어버린 시간 회복 프로젝트 (샘플)

	시간	What(무엇을)	느낌(감동)
1일째	30분	오랜만에 멀리 떨어져 사는 언니 가족과의 만남으로 자주 갖지 못하는 가족과의 정을 나누었다.	일부러 가진 시간은 아니었지만 형제간에 자주 만날 수 있는 기회가 적어 방학 중에는 시간을 내어 찾아 가야겠다는 계획이 있었는데 마침 시간을 보내게 되었고 어릴적 이기적이었던 나의 모습을 언니를 통해 듣게 되었다. 나의 어린시절을 회상하며 이제는 믿음의 자녀로서 형제들에게 나누고 베푸는 삶을 살겠다는 다짐을 해본다.
2일째	60분	성경(창세기1~10)을 읽고 묵상하는 시간을 가졌다.	바쁘다는 핑계로 성경을 제대로 읽지 못하였음을 반성하는 마음도 들게 되고 순종으로 하나님의 선택을 받은 노아의 삶을 통하여 나의 삶을 되돌아보게 되었으며 매번 읽는 말씀이지만 정독과 묵상을 통한 시간이 더욱 귀하고 감사한 마음이 든다.
3일째	30분	학기 중 공부에 매여 내기 힘들었던 시간을 내 여행을 하게 되었다. (성경은 차안에서도 잊지 않고 30분 정도 계속 읽으며 묵상하였다.)	출장길에 전라도 광주와 전주를 여행을 하게 되었는데 명소를 찾아다닌 것은 아니지만 맛난 음식도 먹고 겨울 경치를 바라보며 한 학기 동안의 답답함을 해소시키는 시간과 바쁜 시간 가운데에서도 성경말씀을 통한 경건의 시간을 가짐으로 영과 육의 피로를 푸는 시간을 갖게 되었다.
4일째	90분	저녁시간의 무의미했던 시간을 성경(30분)을 읽고 딸아이 숙제(1시간)를 봐주며 시간을 보내었다.	1시간30분이라는 시간을 그동안 TV나 학교 과제한다며 컴퓨터에 앉아 보냈던 시간을 딸아이 공부와 성경을 읽으며 잃어버렸던 시간을 찾은 느낌이 들었다. 나를 위한 시간을 줄여 아이들과 하나님과의 시간을 늘여나가며 시간을 지혜롭게 사용해야겠다.
5일째	240분 (3시간)	아이들과 시간이 부족한 듯하여 함께 시립도서관을 가서 책도 보고 컵라면도 먹으며 시간을 보냈다.	딸아이가 너무 좋아하였다. 기말시험도 끝이 나고 함께하는 시간이라 더욱 좋아하였다. 함께 도서관도 자주 가고 싶은 마음은 있었지만 바쁜 시간을 핑계로 딸과 시간을 자주 갖지 못한 것 같다. 딸이 너무 좋아하는 모습에 미안한 마음도 들고 자녀들에게도 시간을 함께 보내며 많은 대화의 시간을 가져야겠다는 생각을 하게 되었다.
6일째	60분 (1시간)	저녁 8~9시 평상시 TV보는 시간이거나 각자 방에 들어가 시간을 보냈었지만 오늘은 가정예배로 성경을 읽으며 경건의 시간을 보냈다.	아들이 시험기간이라 일찍 집에 들어와 함께 가정예배를 드리게 되었다. 다른 때 같으면 아들이 집에 들어오는 시간이 11시가 넘어 함께 예배드리기가 힘들다는 생각에 포기했었지만 오늘을 시작으로 다시 가정예배를 드리게 되었다. 1시간이었지만 가족이 모여 예배를 드림으로 모두가 한마음으로 기도하며 찬양을 부르며 감사함과 행복함을 느끼게 되었다.

9주차 숙제 잃어버린 시간 회복 프로젝트

	시간	What(무엇을)	느낌(감동)
1일째			
2일째			
3일째			
4일째			
5일째			
6일째			

● 하루가운데 버려지는 시간을 활용하여 특별한 어떤 일(독서,섬김,자기투자 등)을 계획하십시오.

10주차 숙제 관계튜닝을 위한 편지쓰기 (샘플)

OO아!

같은 교회에서 우리는 신앙생활을 하며 한 공동체로 믿음을 쌓아갔었지. 그 행복했었던 기억이 추억으로 떠오른다. 너는 언제나 밝은 얼굴로 언니, 언니하며 유난히 나를 따라 너와의 관계는 남들에게 부러움의 대상이었잖아. 너의 옆엔 언제나 내가 있었고 내 옆엔 네가 있어 든든했었는데… 원치 않게 교회를 떠나게 되는 시점부터 너와의 관계가 어색하고 왠지 언제부터인가 만나면 어색한 웃음으로 일상적인 인사치레만 나누는 관계가 되었는지 슬픈 생각이 든다. 서로 말로는 아닌 척하지만 우리는 서먹한 이유를 알고 있잖아.

OO아.

우리가 만난 곳도 하나님 안이고 지금 서로 어색한 사이가 된 것도 하나님 안에서인데 이제는 서로 다른 교회에서 하나님을 섬기고 있지만 우리는 믿음 안에 한 형제자매임을 잊지 않고 있단다. 물론 너도 나와 같은 생각을 하고 있을 거라고 믿고 있지만 현실이 우리의 관계를 어색하게 만든 것 같구나. 네가 말 못하는 사정 내가 알고, 내가 말 못하는 사정 네가 알고 있을 것이라 생각한다.

OO아.

이 해도 얼마 남지 않았는데 이 해가 가기 전에 너와의 관계가 전처럼 회복되었으면 좋겠다.

나는 이곳 광주동산교회에서 교육프로그램인 튜닝 베이직이라는 훈련프로그램을 통해 나의 삶을 돌아보며 튜닝중이란다. 그동안 나의 모난 말과 행동을 교육 과정 중에 발견하게 되었고 관계 튜닝중에 너와의 관계가 생각이나 몇 자 써본다. 지금까지 나에게 서운했던 마음이 있었다면 이해하고 용서해 주기 바란다. 내가 부족함이 많아 너에게 더 다가가지 못했던 것 같고 이해하지 못한 부분이 많아 미안함과 아쉬움으로 남는구나.

OO아. 지금까지 서운했던 마음이 있었다면 우리 서로 주님의 십자가 밑에 내려놓고 용서하며 서로 사랑으로 다시 하나가 되어보자. 교회 떠난 지가 벌써 2년이라는 시간이 지났네. 멀리서나마 믿음생활 열심히 하고 있는 너의 모습을 지켜보면 흐뭇하고 한때 언니, 동생으로 가까웠던 시절을 떠올리게 되며 감사한 마음이 든단다. OO아, 널 만난 게 분명 우연은 아닐 거라 믿어. 생각해보면 그때 너는 하나님께서 나에게 보내주신 믿음의 동역자였음을 깨닫게 되는구나.

그동안 고마웠고 앞으로도 더욱 하나님 안에서 평안하고 행복한 믿음생활 가정생활로 함박웃음만 가득하길 기도할게.

-OO이를 사랑하는 언니가-

10주차 숙제 관계튜닝을 위한 편지쓰기

11주차 숙제 습관튜닝 과제 (샘플)

	내가 발견한 좋은 습관 목록	내가 발견한 고쳐야 할 습관
1일	1. 식사 후 양치질 바로 하기 2. 손 자주 씻기 3. TV 잘 안보기 4. 책 자주 보기 5. 속옷 자주 갈아입기	1. 과식하기 2. 불규칙한 식사 시간 3. 컴퓨터 오래하기 4. 식사 전에 수저를 다시 한 번 닦기 5. 자기 전에 화장실을 몇 번씩 가기
2일	1. 크리스천임을 드러내기 2. 회식자리에서 절대 술 안 마시기 3. 운전할 때 양보하기 4. 남 대접하기 좋아하기 5. 집에 손님 오는 것 좋아하기	1. 모든 것을 재차 확인하는 강박증 2. 화장실에 오래 앉아있기 3. 무표정 4. 손을 자주 씻음 5. 무엇이든지 비싸고 좋은 것을 사는 사치
3일	1. 남보다 먼저 식사 값 내기 2. 모든 자리에서 상석(上席)을 양보하기 3. 나이 많은 사람을 공경하기 4. 다른 사람을 기분 좋게 하기 위해 노력하기 5. 남에게 음식 양보하기	1. 많이 아는 척하며 잘난 척하기 2. 가지고 있는 좋은 것(명품)을 자랑하기 3. 상대가 말하는 그대로 사실로 받아들이지 않는 것 4. 나와 다른 생각을 가진 사람에게 내 주장에 동의 하도록 설득하고 강요하기 5. 실수를 인정 안하기
4일	1. 정해진 기도 시간 채우기 2. 규칙적으로 성경 읽기 3. 다른 사람의 신앙을 걱정하며 기도하기 4. 눈에 보이는 대로 쓰레기 줍기 5. 사람들이 많이 모인 자리의 신발 정리를 하기	1. 고속도로에서 과속하기 2. 목적지까지 안 쉬고 끝까지 운전하기 3. 차량의 기름이 없다 라는 불이 들어온 상태에서도 한참 (50km 이상) 더 타기 4. 안전벨트 잘 안 매기 5. 차량 세차 잘 안하기
5일	1. 반찬투정 안하기 2. 군것질 안하기 3. 가족들과 시간 보내는 것을 즐거워하기 4. 고기 먹을 때 다 먹을 때까지 구워주기 5. 가족을 위해 궂은 일 도맡아서 하기	1. 자녀들에게 애정 표현을 터프하게 함 2. 아내에게 사랑의 표현을 장난으로 함 3. 애완견에게 함부로 함 4. 집안 아무데나 옷 벗어 놓기 5. 집안에서 옷 벗은 상태로 다니기
6일	1. 회사에서 남보다 일찍 업무를 시작하기 2. 〃 남보다 업무를 더 늦게까지 하기 3. 맡겨진 일을 실수하지 않기 위해 애씀 4. 맡겨진 일보다 하나 더 하기 5. 회의시간에 '아니요' 라고 말할 수 있는 것	1. 직원들에게 직선적이고 냉정한 지적을 하기 2. 실수한 직원에게 화를 오래 품기 3. 잔 머리를 쓰는 직원에게 보복조치 하기 4. 직원들에게 반말하기 5. 직원들의 성과에 대하여 칭찬하지 않기

11주차 숙제 습관튜닝 과제

	내가 발견한 좋은 습관 목록	내가 발견한 고쳐야 할 습관
1일	1. 2. 3. 4. 5	1. 2. 3. 4. 5
2일	1. 2. 3. 4. 5	1. 2. 3. 4. 5
3일	1. 2. 3. 4. 5	1. 2. 3. 4. 5
4일	1. 2. 3. 4. 5	1. 2. 3. 4. 5
5일	1. 2. 3. 4. 5	1. 2. 3. 4. 5
6일	1. 2. 3. 4. 5	1. 2. 3. 4. 5

11주차 숙제 간증문 (샘플)

간 증 문			
이 름	O O O	구 분	토 요 반

1. Before

● 튜닝베이직을 시작하기 전의 나의 모습

그동안 신앙생활을 편안하게, 때론 안일하게 해오면서 나름 나의 신앙생활을 열심히 해왔노라고 조금은 자부심도 느껴가며 신앙생활을 그야말로 친교에만 열심을 다하며 해왔던 것 같다. 그동안 섬겨왔던 교회에서는 체계적인 교육이 따로 있지 않아서였는지 교회 안에서는 나만, 신앙생활 잘하면 되지 하는 생각과 때로 나의 부족함이 느껴질 때나 교육의 필요성이 느껴질 때면 그에 따르는 불편함이 먼저 느껴져 나의 편리위주의 생각으로, 생각만으로 만족하고 그치는 경우가 다반사였다.

그러다보니 삶에 있어서 가족들에게는 밖에서와는 다르게 편안하다는 이유만으로 말과 행동에서 때론 상처를 줄 때도 있었으며, 생활에서도 이제까지 불편함 없이 살아왔으니 나의 삶에 무엇이 잘못되어 가는지 조차 모르고 그저 살아왔던 것 같다.

관계 속에서의 문제가 생길 때면 나의 문제를 돌아보는 것이 아니라 남을 판단하고 비방하였으며, 이해하며 개선하려는 노력보다는 상대방이 이해해 주기를 바랐던 이기심이 내 안에 많은 자리를 차지하고 있었던 듯하다. 습관적인 말과 행동으로 인하여 남에게 간혹 상처를 줄 때도 그것이 나의 문제라고 보지 못했던 것이 문제였다.

2. Motivation

● 튜닝베이직을 시작하게 된 동기

튜닝베이직을 해야 한다는 부담감은 시작부터 나에게 무거운 짐으로 다가왔다. 교육을 신청하신 분들이 대부분 연배가 있으신 장로님, 안수집사님, 권사님들이기에 막내인 내가 그 사이에서 어떻게 해야 하나 하는 막연한 생각과 목사님의 확고하신 성격을 알기에 대충해서도 안 될 것 같고 또한 시간에 대해서도 부담감으로 다가왔었던 것이 사실이다. 학교공부에도 나름 버거운 상태인데 14주라는 시간의 틀에 메여 끝까지 마칠 수 있을까 하는 중압감이 나에게 자그마한 불만으로 다가왔다.

그동안 안일하게 습관적인 신앙생활에 물들어 지금의 신앙생활로도 불편함 없이 살아왔는데 꼭 이 교육을 받아야하나 하는 반감이 내 안의 한구석에 남아 있었기에 "다음에 받을까, 좀 한가할 때 시작하여 여유롭게 받을까" 하는 생각 등으로 시작부터 나의 생각은 피할 길을 찾기에 급급했었던 것이 사실이었다. 하지만 매도 먼저 맞는 것이 낫겠지 라는 생각과 어차피 이곳에서 피할 수 없다면 즐기자 하는 생각으로 신청을 하게 되었다.

3. **After**	1) 튜닝베이직 시작 이후 변화된 나의 모습 2) 어떤 유익함이 있었는지? 튜닝베이직은 시작부터 만만치 않았다. 튜닝목록인 몸, 성격, 생활, 행동, 신앙생활 등 먼저 튜닝해야 할 부분을 찾아야 하는 문제가 나에게 난감함으로 다가왔다. 나는 그동안 문제를 문제로 보아오지 않은 터라 튜닝되어야 할 문제를 찾는다는 것이 어려움으로 다가 왔을 수밖에 없었다. 한 주간 생각하고 때론 가족에게 물어가며 찾아가면서 깨닫게 된 것은 그동안 가족들이 나에게 불만이 많았구나 하는 생각과 나의 생활, 행동, 말에 있어서 문제가 많았음을 발견하기 시작하였다. 또한 한 주간 생활 그래프를 작성하며 생활에 절제와 말과 행동을 자제하며 나의 모습을 튜닝하기 시작하였다. 시작하는 과정에서는 그래프의 점수가 신경이 쓰여 행동을 하기 시작하였지만 한 주간 그려진 그래프를 바라보며 나의 한 주간의 삶을 뒤돌아보는 계기가 되기도 하였고 그래프의 약했던 부분에서는 다음 주에는 더욱 노력하게 되는 면도 생기게 되었다. 아직도 40여 년 동안 몸에 밴 습관이 쉽게 고쳐지기는 어렵겠지만 시작이 반이라고 생각하며 문제를 문제로 받아들이고 생각하게 된 것만으로도 큰 변화라고 생각되어진다. 특히 큐티를 하면서 억지로라도 말씀에 맞추어 살려다보니 말씀가운데 삶이 맞추어지는 것을 경험하게 되었고, 하나님이 나와 함께 하심을 경험하는 기쁨도 맛볼 수 있었던 것 같다. 어떤 때는 말씀을 묵상하며 오늘은 어떻게 하나님이 나의 삶을 인도하실까 기대가 되기도 하였으며 뜻대로 살지 못한 부분에서는 반성하는 시간으로 하루를 돌아보는 경건의 시간을 통해 은혜를 받기도 하였다. 이제까지 성경을 이렇게 깊이 묵상하며 큐티를 해보기는 처음이었다. 정말 14주라는 시간이 나에게 힘든 시간이었지만 그만큼 삶에 많은 변화를 준 것은 사실이다. 말과 행동에 있어서 한 번 더 생각하며 행동하게 되었으며 칭찬에 서툴렀던 나의 말이 칭찬의 말을 찾게 되었고 늘 옆에 있어 고마움을 못느꼈던 가족의 중요성과 나의 부족함으로 자족과 주위 사람들의 불편했던 점을 생각하게 하는 의미있고 감사한 시간이었다.
4. **resolution**	• 당신의 튜닝자화상을 이루기 위한 각오와 결심 튜닝된 나의 자화상은 긍정적인 마인드와 나보다 남을 더 생각하고 배려하는 깊이 있는 행동으로 주변 사람들에게 행복을 주는 모습이다. 아직은 부족힘이 많아 어려운 부분도 있겠지만 교육과정을 통해 그려진 그래프와 튜닝 자화상을 마음판에 새겨 잊지 않도록 노력할 것이다. 그러기 위해서는 먼저 나 위주의 이기적인 말과 행동을 고쳐나가야 할 것이라는 생각이 든다. 그를 위해 지금도 노력중이지만 나의 말과 행동에 있어서 많은 말보다는 말 한마디에도 신중함을 기할 것 이며, 삶에 있어서도 TV나 인터넷으로 보내는 쓸모없는 시간을 줄여 큐티와 규칙적인 말씀과 기도로 훈련되어 성화되어지는 삶을 살 것을 다짐해 본다.

11주차 숙제 간증문

이 름		구 분	
1. **Before**	• 튜닝베이직을 시작하기 전의 나의 모습		
2. **Motivation**	• 튜닝베이직을 시작하게 된 동기		

3. After	1) 튜닝베이직 시작 이후 변화된 나의 모습 2) 어떤 유익함이 있었는지?
4. resolution	• 당신의 튜닝자화상을 이루기 위한 각오와 결심

큐티노트

QT Note

큐티 훈련 (4주차)

일시	본문	묵상내용	적용내용	반성(간증)

● 큐티훈련은 정확하게 큐티를 이해하고, 묵상과 적용과 반성이 제대로 될 때까지 실시해야 합니다.

큐티 훈련 (5주차)

일시	본문	묵상내용	적용내용	반성(간증)

● 큐티훈련은 정확하게 큐티를 이해하고, 묵상과 적용과 반성이 제대로 될 때까지 실시해야 합니다.

큐티 훈련 (6주차)

일시	본문	묵상내용	적용내용	반성(간증)

● 큐티훈련은 정확하게 큐티를 이해하고, 묵상과 적용과 반성이 제대로 될 때까지 실시해야 합니다.

큐티 훈련 (7주차)

일시	본문	묵상내용	적용내용	반성(간증)

● 큐티훈련은 정확하게 큐티를 이해하고, 묵상과 적용과 반성이 제대로 될 때까지 실시해야 합니다.

큐티 훈련 (8주차)

일시	본문	묵상내용	적용내용	반성(간증)

● 큐티훈련은 정확하게 큐티를 이해하고, 묵상과 적용과 반성이 제대로 될 때까지 실시해야 합니다.

큐티 훈련 (9주차)

일시	본문	묵상내용	적용내용	반성(간증)

● 큐티훈련은 정확하게 큐티를 이해하고, 묵상과 적용과 반성이 제대로 될 때까지 실시해야 합니다.

튜닝베이직 설문지

1. 튜닝베이직에 대한 전체 평가

　　1) 아주 유익했다.　 2) 유익했다.　 3) 일반적인 내용이었다.　 4) 시간낭비였다.

2. 가장 유익했던 주제를 순서대로 3가지를 나열해보라. 1)_____ 2)_____ 3)_____

　　1) 오리엔테이션　 2) 셀프튜닝　 3) 말씀튜닝　 4) 큐티훈련　 5) 광야튜닝　 6) 생명튜닝

　　7) 중간점검　 8) 언어튜닝　 9) 물질튜닝　 10) 시간튜닝　 11) 관계튜닝　 12) 습관튜닝

　　13) better than good

3. 조금 더 보완이 필요한 주제를 순서대로 3가지를 나열해보라. 1)_____ 2)_____ 3)_____

　　1) 오리엔테이션　 2) 셀프튜닝　 3) 말씀튜닝　 4) 큐티훈련　 5) 광야튜닝　 6) 생명튜닝

　　7) 중간점검　 8) 언어튜닝　 9) 물질튜닝　 10) 시간튜닝　 11) 관계튜닝　 12) 습관튜닝

　　13) better than good

숙제

4. 가장 유익했던 숙제는? 1)_____ 2)_____ 3)_____

　　1) 셀프튜닝 목록　 2) 튜닝자화상 그리기　 3) 잠언통독　 4) 큐티하기　 5) 인생그래프

　　6) 유서쓰기　 7) 영적건강테스트　 8) 언어습관 찾기　 9) 1000원의 행복　 10) 잃어버린 시간

　　회복프로젝트　 11) 편지쓰기　 12) 좋은 습관 나쁜 습관 찾기

　　　●이유는 무엇인가?

5. 가장 힘들었던 숙제는? 1)_____ 2)_____ 3)_____

　　1) 셀프튜닝 목록　 2) 튜닝자화상 그리기　 3) 잠언통독　 4) 큐티하기　 5) 인생그래프

　　6) 유서쓰기　 7) 영적건강테스트　 8) 언어습관 찾기　 9) 1000원의 행복

　　10) 잃어버린 시간 회복프로젝트　 11) 편지쓰기　 12) 좋은 습관 나쁜 습관 찾기

●이유는 무엇인가?

교육내용과 리더

6. 시간 시간 소그룹 나눔에 대해

　　1) 마음을 열고 자신을 나누는 시간이었다.

　　2) 어색하고 서먹서먹했다.

　　3) 습관적인 나눔의 시간이었다.

　　4) 나눔을 통해 서로를 이해하게 되었다.

7. 가르치는 리더에 대해

　　1) 많은 것을 알려주는 리더였다.

　　2) 모임을 원활하게 이끌어주는 리더였다.

　　3) 생각지 못했던 부분을 일깨워주는 리더였다.

　　4) 어색하고 분위기를 힘들게 만드는 리더였다.

　　5) 품어주고 사랑해주는 리더였다.

8. 각 과정 교재구성에 대해

　　1) 교재의 내용이 일관성이 있었다.

　　2) 교재의 내용이 식상했다.

　　3) 교재의 내용이 기존의 성경공부에서 볼 수 없었던 내용이었다.

　　4) 교재가 어려웠다.

　　5) 내용이 좋은 주제도 있었고 아주 형편없는 것도 있었다.

9. 생활점검표에 대해

　　1) 삶의 변화에 참 많은 유익이 있었다.

　　2) 처음에는 유익했지만 시간이 지날수록 습관적으로 바뀌었다.

　　3) 고통의 시간이었다.

　　4) 실제로 생활점검표는 도움이 되지 못했다.

5) 내용과 주제에 변화가 필요하다.

10. 큐티점검에 대해

   1) 큐티하는 법에 대해 확실히 알게 되었다.

   2) 이제 어느 정도 알 것 같다.

   3) 아직도 큐티하는 법에 대해 반반이다.

   4) 아직도 전혀 모르겠다.

기타

11. 튜닝베이직 과정에 지원하는 것에 대해 고민하는 사람들에게 어떻게 조언해 주겠는가?

   1) 적극적으로 지원하라고 할 것이다.

   2) 시간이 되면 참석해 보라고 할 것이다.

   3) 참석할 필요가 없다고 할 것이다.

12. 튜닝베이직 교재에 대한 평가를 내린다면?

   1) 지금까지는 접해보지 못한 아주 좋은 책이다.

   2) 혼자 힘으로도 공부할 수 있는 좋은 책이다.

   3) 일반적인 제자훈련 교재의 복사판이다.

   4) 내용이나 구성이 수준이하이다.

13. 튜닝베이직 과정에 대한 당신의 구체적이고 세밀한 평가를 해보라.

14. 튜닝베이직을 통해 변화된 튜닝자화상에 대해 말해보라.

15. 튜닝베이직 과정에 대한 당신의 의견(충고)을 제시하라.

정 답

Answer

1. 셀프튜닝
   1) 다메섹, 예수 믿는 자를 잡아가려고
   2) 위협과 살기가 가득 찬 이성주의자, 차갑고 냉정하고 목적을 위해서는 수단방법을 가리지 않는 자, 성공지향주의자
   3) 예수
   4) 눈은 떴으나 아무것도 보지 못하고 사람의 손에 끌려가는 사람.

2. 말씀튜닝
   5) MADE IN God-breathed(하나님의 감동)
   6) 주의 말씀만 지키는 것, 말씀을 마음에 두는 것
   7) 행실을 깨끗하게 하고, 주께 범죄하지 않음
   8) 교훈, 책망, 바르게 함, 의로 교육함
   9) 마음에 찔림
   10) 베드로의 설교를 들은 사람들은 사도들에게 우리가 어찌할꼬 하며 가슴을 치고 가르침을 받아들여 그리스도 안에서 교제하고 떡을 떼며 기도하기를 힘씀. 그러나 스데반의 설교를 들은 사람들은 이를 갈고 큰소리를 지르며 귀를 막고 그에게 달려들어 내치고 돌로 침.
   11) 하나님의 사람으로 온전하게 하며 모든 선한 일을 행할 능력을 갖추게 하려 함

3. 큐티훈련
   12) 명상
   13) 묵상
   14) 큐티
   15) 영적성장
   16) 인격성장
   17) 말씀
   18) 경향
   19) 애굽
   20) 홍해
   21) 지성소
   22) 불기둥과 구름기둥
   23) 생수
   24) 만나
   25) 읽는
   26) 성찰
   27) 응답
   28) 쉬는
   29) 시간, 장소
   30) 관찰
   31) 묵상

32) 기록

33) 나눔

34) 객관적

35) 구체적

36) 반성

4. 광야튜닝

37) 먹을 것도 마실 물도 없는 곳, 광대하고 위험한 곳—전갈과 불뱀이 도사리는 곳, 씨뿌리지 못하는 땅, 사막과 구덩이 땅, 건조하고 사망의 그늘진 땅, 사람이 다니지 아니하고 사람이 거주하지 못하는 땅

38) 1) 너를 낮추시며 2) 너를 시험하사 네 마음이 어떠한지 그 명령을 지키는지 지키지 않는지 알려 하심이라 3) 사람이 떡으로만 사는 것이 아니요 여호와의 입에서 나오는 모든 말씀으로 사는 줄을 네가 알게 하려 하심이니라

39) 네 열조도 알지 못하던 만나를 네게 먹이심, 사십 년 동안에 네 의복이 헤어지지 아니하였고 발이 부르트지 아니함. 광야는 고통과 어려움, 불편과 악조건의 상황이지만 하나님의 은혜로 충만한 시간이었음.

40) 1) 낮추심 2) 말씀으로 사는 법을 배우는 것 3) 여호와의 명령을 지켜 그의 길을 따라가며 그를 경외하는 삶

41) 아름다운 땅에 이르게 하시는 것 —모자람이 없고 네게 아무 부족함이 없는 땅이며 풍성한 땅, 하나님을 찬송하며 살아가는 삶

5. 생명튜닝

42) 내려놓기(내가 붙들고 있는 것을 내려놓게 하기 위해)

43) 사랑하는 독자 이삭, 자식의 생명을 요구한다는 것은 나의 가장 소중한 것도 내려놓을 수 있어야 함을 말씀하시는 것

44) 아브라함이 하나님을 얼마나 경외하는 가를 알기 위함(소유에 대한 부분)

45) 온전함

46) 하나님께서는 욥의 온전함을 세상가운데 보여주기 원하심. 그러나 사탄은 그가 온전하지 않음 즉 고난 가운데 하나님을 향하여 욕하고 분노하는 모습을 세상가운데 보여주기를 원함.

47) 입술로 범죄하지 않음, 온전하고 정직하며 하나님을 경외, 악에서 떠남, 자녀들의 믿음까지 신경쓰는 온전함을 보임(1:1—8)

48) 9절에 욥의 아내가 당신이 그래도 자기의 온전함을 지키느냐 하나님을 욕하고 죽으라고 말을 할 때 10절에 욥이 한 말가운데 그의 믿음이 드러남. 10절 "그가 이르되 그대의 말이 어리석은 여자의 말 같도다 우리가 하나님께 복을 받았은즉 화도 받지 아니하겠느냐" 우리가 하나님께 복을 받았은즉 화도 받지 아니하겠는가는 욥의 말은 하나님을 향한 그의 절대적인 믿음이 담겨 있음.

49) 사명

50) 고난(2), 깊음속(바다)(3), 주의 목전에서 쫓겨남(4), 큰물(결)과 큰 파도(5), 산의 뿌리(6), 빗장(6), 구덩이(6)

51) 사명 때문에

7. 언어튜닝

52) 핵심 콤플렉스

53) 뒷담화

54) 부정적인 말

55) 부스러기 말 주워담기

56) 혀의 DNA(유전인자) 바꾸기

57) 말의 심장부 공격하기

8. 물질튜닝

58) 관점튜닝하기

59) 처음에는 주인의 소유를 낭비하는 자였지만 나중에는 주인이 맡겨준 소유에 충실한 자가 됨.

60) 직장을 잃고 주인의 소유를 더 이상 관리 할 수 없게 되었을 때 그것을 깨닫게 됨

61) 재물을 섬기는 것. 하나님과 재물을 겸하여 섬길 수 없음을 분명히 주님은 지적하고 계심.

62) 부자 자격증 따기

63) 애굽으로 내려가는 것

64) 이삭은 패턴이 아닌 하나님의 말씀이라는 원칙을 붙잡음.

65) 그의 본래 가업은 목축업이지만 그는 그랄 땅에서 농사를 지음. 흉년의 때는 하던 농사도 멈추고 다른 업종으로 전환하는 시기인데 그 틈새시장을 이삭은 봄. 그는 과감하게 그의 가업을 버림. 그리고 그는 고개를 들어 새로운 시장을 보았음. 그는 사람들이 보지 못했던 것을 보는 감각을 가지고 있었음. 부자 자격증은 이것을 보는 눈을 가지고 있느냐 그렇지 않느냐에 달려있음. 이삭이 이러한 눈을 가지고 있었다는 증거 하는 것이 12절 이하의 우물을 파는 것에서도 나타남. 그가 파는 곳마다 우물이 터져 나왔다는 것은 물론 하나님이 도우셨고 하나님이 인도하셨지만 이삭의 예리하고 날카로운 눈(감각)을 무시해서는 안됨.

66) 투자원칙

9. 시간튜닝

67) 좋은 인생의 밑그림을 먼저 그려나가는 것, 즉 주님의 뜻이라는 펜을 들어야 함

68) 18절 술 취하지 말고 오직 성령의 충만함을 얻는 것 – 밑그림은 채우기(색칠하기)

69) 찬양과 감사의 삶을 사는 것 – 감사 액자에 끼우기

10. 관계튜닝

70) 사랑

71) 신뢰

72) 존경이나 명예

73) 이해 또는 지식

74) 아버지가 아들을 매일 기다리고 있었음. 아버지가 먼저 손 내밈.

75) 아버지의 시각–아들의 현재, 큰아들의 시각–동생의 과거만 집중

76) 잃어버린 어떤 것을 찾았을 때의 반응–공통적으로 이웃을 불러 즐김, 그 이유는 잃어버린 것의 가치 때문

튜닝 베이직

지은이 | 이광재
발행인 | 김용호
발행처 | 나침반출판사

초판 1쇄 발행 | 2011년 7월 20일

등 록 | 1980년 3월 18일 / 제 2-32호
주 소 | 110-616 서울 광화문 사서함 1641호
전 화 | 본   사(02)2279-6321
         영업부(031)932-3205
팩 스 | 본   사(02)2275-6003
         영업부(031)932-3207

홈페이지 | www.nabook.net
이 메 일 | nabook@korea.com
         nabook@nabook.net

ISBN 978-89-318-1433-0
책번호 아-1011

값은 뒷표지에 있습니다.

나침반출판사는 우리를 구원하신 아름다운 주님을
21세기 문명의 이기(利器)를 통하여 널리 전하고 싶습니다.